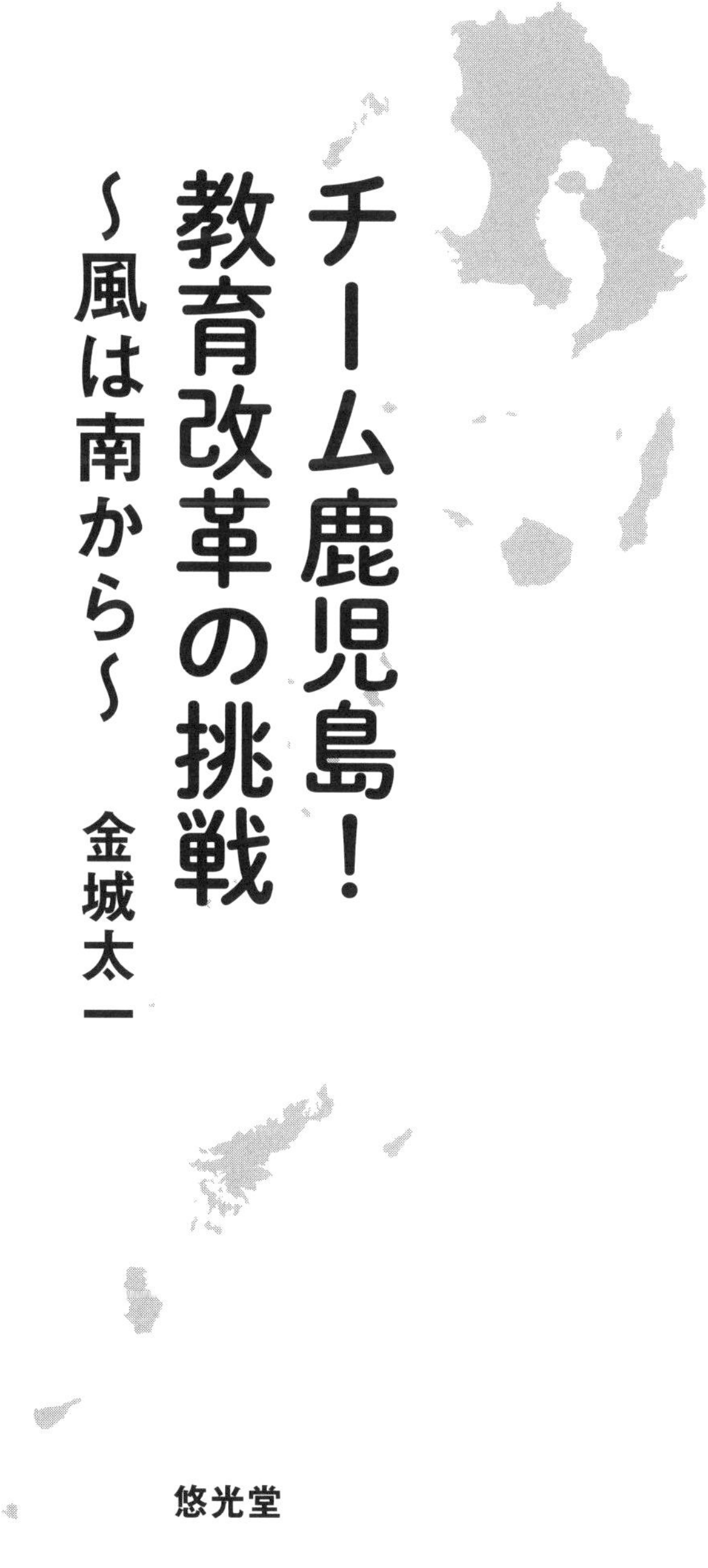

チーム鹿児島！教育改革の挑戦

～風は南から～

金城太一

悠光堂

はじめに

「課長の鹿児島での取組や鹿児島の教育の歴史について調べられたことを一冊の本にまとめて出版してはどうか」。

鹿児島での赴任中、異業種の方々が集まったある勉強会で私が鹿児島県教育委員会（以下「県教委」）での取組などについて発表したときのこと。その直後に日本銀行鹿児島支店長（当時。現日本銀行国際局長）の中田勝紀さんが発せられたこの言葉がずっと心の中に引っかかっていました。文部科学省入省以来、従事している施策について数ページ程度の原稿を書いた経験は幾度もありましたが、本を出版するなどという大それたことは考えたことすらなかったからです。

しかしその後、いただいた言葉を何度も反芻しているうちに、私自身の鹿児島での行政経験とともに、これまで長い年月をかけて鹿児島の先生方が連綿と築き上げてこられた、にもかかわらず必ずしも言語化されてこなかった学校教育のよさを文章に著し伝えていくことは、それなりに意義のあることではないかと思い至りました。

歴史的にも教育に熱心な土地柄といえる鹿児島。奄美群島の一つである徳之島では、食費を削ってでも子供の教育に投資せよ、という意の「ヤンキチシキバン」という言葉が今なお語り継がれ、教育の基盤となっています。

また、幕末から明治維新にかけて我が国の歴史を動かした西郷隆盛や大久保利通、森有礼をはじめとした数々の偉人たちを育んだ薩摩の伝統的な教育のＤＮＡは学校現場のそこかしこに息づいています。

しかし、目まぐるしく社会構造が変化していく中、教育現場の抱える課題は複雑化の一途を辿っています。鹿児島でも、学力や生徒指導などで課題が顕在化しており、県議会やマスメディアから厳しく問われることも少なくありません。さらに、少子高齢化のスピードは全国平均よりも速く、統廃合や休校・閉校の予備軍ともいえる学校も多く存在します。そのような意味で、鹿児島は課題先進県でもあり、日本の縮図でもあるのです。しかし、課題が多いことを悲観しても仕方がありません。課題が多いということは、私たち行政マンの腕の見せどころであり、私は課題先進県から課題解決先進県にシフトチェンジする好機だと考えました。

私が鹿児島で取り組んだ主な施策の中には、県の全教師共通の手引書「学びの羅針盤」をはじめとする学力向上のＰＤＣＡサイクルの確立、指導主事の学校訪問体制改革、土曜授業の全県実施、小規模校同士を結んだ遠隔授業の導入などがあります。

学力向上のＰＤＣＡサイクルは前任者からの流れができていたため大きな抵抗はありませんでしたが、指導主事の学校訪問体制改革と土曜授業の導入に当たっては、大議論がありました。大きな改革を進める際には避けては通れない道だろうと腹を括り課題に真正面から向き合った結果、最終的には意見の相違、立場の違いを乗り越えて実現することができました。鹿児島の教育関係者と教育への思いを共有していたからこそ成し得たものだと考えています。鹿児島では、新しいことに取り組む前には、その功罪を真剣に議論する、だがいったん結論が出たら、蒸し返さずに全員で取り組む、という風土があります。また、小規模校の活性化にも意を用いましたが、ＩＣＴなどの最新技術を駆使して小規模校を結ぶことで実質的に複式学級を解消する試みも現場の先生方の課題意識とマッチし、今や世界から注目される取組にまで発展しています。いったん統廃合し児童生徒を集約した小・中学校も地域の流入人口が増えなければ近い将来再び小規模化、複式化する可能性があります。そうなる前に手を打ちＩＣＴを活用した教育のモデルを構築することは日本全体にとっても大きな意義を有します。すなわち、伝統と革新が融合したハイブリット教育とも言うべき未来の教育の姿が離島から着実に生まれているのです。

本書は文部科学省に勤める私が、鹿児島県教育委員会義務教育課に出向していた２０１４〜２０１５年度までの２年間にわたり、鹿児島の義務教育のよさを伸ばしながら、課題の解決策を模索し、諸改革に取り組むために奮闘した７３１日の記録です。

県教委の同僚たちに支えられながら、県民の学校教育への期待を背景に、現場主義を徹底し、現場から課題を吸い上げ、さまざまな取り組みを推進してきました。また、本省よりも現場に近く小回りが利く分、課内で方針が決まるとスピーディーに対応できることも県教委のメリットです。そのため、日々、アンテナを高くしながら躍動感を持って仕事に邁進しました。同時に、「チーム鹿児島」を合言葉に、学校や教育行政の枠を超え、鹿児島の学校教育に関わる県内外の多くの方々の知恵も借り、積極的に連携を図りました。

現場から遠い存在と見なされがちな都道府県教委。鹿児島県教育委員会の一事例に過ぎませんが、人口減少や少子化にあえぐ鹿児島が他県に先駆けて行っている革新的な教育や、その一方で、明治期以来、鹿児島の教育関係者がずっと大切にしてきた学校の伝統や文化に光を当てることは、ほかの地域においても参考になるはずですし、教育の課題は社会の課題でもありますので、広く教育関係者や行政、保護者、地域の方、企業など多くの方に知っていただき、課題解決の一助になれば幸いです。

※本書の内容は筆者の個人的見解に基づくものであり、所属する組織を代表するものではありません。

目次

第1章　鹿児島への出向からその虜になるまで

（1）鹿児島への出向内示の伝達

鹿児島に出向する直前の２０１３年度の私の所属は文部科学省初等中等教育局初等中等教育企画課教育制度改革室。この長くて舌を噛みそうな部署の室長補佐をしていました。主な業務は義務教育段階の就学関係の事務と小中一貫教育などの制度改革の担当です。法令の条文と格闘し、外部からの大小の問い合わせに気忙しく対応しているうちに気付けば深夜になっているというハードな毎日を過ごしていました。

そのように多忙を極めていた２０１４年3月初旬、上司から出向内示を受けました。赴任地は「鹿児島県教育委員会」、ポストは「義務教育課長」。地方への出向は以前から希望していましたが、いざ内示をいただくと、やっと地方に出向できるというほっとした気持ちと、新たな仕事に取り組めるという期待感、ずしっと重たいものを背負ってしまったという不安が交錯しました。

鹿児島県―これまでの人生で一度も足を踏み入れたことがなく縁もゆかりもない場所。そして何よりも、先ほど「重たいものを背負った」と表現した最大の理由の一つに、県教委は、１９６０年代から文部省（当時）の先輩方を受け入れており、過去には教育長や教職員課長、そして現義務教育課の前身となる学校教育課長などのポストに、歴代の錚々たる先輩方が在籍していた歴史と伝統ある出向先ということがあります。そのようなポストが自分に務まるのかと自問自答の日々が続きました。不安と期待が交錯しながら着任までの期間、残務を処理する傍ら引っ越し準備に追われていたのを覚えています。

内示を受け取ってから引っ越すまでに残された時間は3週間。しかも、通常業務をこなしながらですから、ほとんど時間がないに等しく、その一方で何から手を付ければいいかわからないといった始末で焦りだけが募る一方でした。

そんな不安を払拭してくれたのが鹿児島出身の方でした。私が所属していた課に、偶然、県教委から文部科学省に研修生として派遣されていた職員（林瑞穂さん（現鹿児島県東京事務所行政第五課長））がいらしたのです。林さんとは係が違い、仕事上の接点はほとんどありませんでしたが、課の有志のメンバーで業務後に皇居の回りを走るなど業務外で何度かご一緒していたこともあり、よく存じ上げていました。そして、林さんも私と同じく年度末で鹿児島へ戻られ、異動先も県教委事務局だったため、着任前に既に県教委に知り合いがいる、ということは私にとってこの上ない安心材料でした。

そこで、3月の中旬あたりから、林さんに鹿児島の気候、火山灰対策、県教委の仕事内容、職場の雰囲気など、さまざまな疑問をぶつけては丁寧に説明していただき、不安感も次第に薄れていきました。

出向直前の3月下旬には、歴代の鹿児島出向経験者が壮行会を開いてくださり、先輩方から出向に当たり種々ご助言をいただきました。先輩方が当時を思い返しながら、離島の学校を訪問したことや指導主事との思い出話などをしみじみ語っていたのが印象的でした。その際、先輩方からいただいた助言は次のようなものでした。

・自分が鹿児島の教育の実態を一番知らないということを自覚し、知ったかぶりをせず、特に最初の1～2か月は同僚の助言に謙虚に耳を傾け、しっかり勉強すること

・自分のカラーを明確に打ち出し、改革の種を蒔き、出向2年目あるいはそれ以降にそれを芽吹かせるためには、最初の半年が勝負であること
・職場の同僚（特に課のナンバー2である指導監（教員出身））とは毎日欠かさずコミュニケーションをとり、現場感覚を養い、鹿児島の学校現場の実態について学ぶこと
・出向中には、自分の責任で判断をしなくてはならない瞬間が何度か訪れ、身震いするような場面があるだろうが、的確な判断を下すためにも現場の状況を日ごろからよく把握しておくこと

このような先輩方の貴重なアドバイスを胸に刻むと鹿児島行きもいよいよ秒読みとなりました。

（2）いざ、鹿児島へ。そして県教委職員の一員に

そして、運命の2014年3月31日。文部科学省から退職辞令を受け取った後、そのまま荷物をたくさん抱えて羽田空港から鹿児島に飛びました。夕方、空港に到着すると、異国情緒漂う鹿児島空港では義務教育課の職員3名が温かく出迎えてくれました。空はすっかり夕陽に赤く染まっていました。車窓から一面に広がる茶畑を目にしながら、ついに鹿児島の地にやって来たのだという思いを強くしました。

翌日の4月1日から県庁生活がスタートしました。執務室は県庁16階。東向きの課長席の窓からは錦江湾や鴨池港が見渡せ、眩しいほどの朝日が課内に差し込んでいました。課の陣容は約30人。そのうち4分の3は「指導主事」と呼ばれる学校教育の専門的な業務に携わる職員で教員出身、残りの4分の1は教育事務職員といういわば事務系のエキスパートたちです。指導主事は校長や教頭の経験者や、市町村教育員会（以下「市教委」）で指導主事を経験した後に県教委に抜擢された方が大半で、いわば「先

生の先生」。ほとんどの同僚は私のような若輩者よりもはるかに人生経験を積まれた大先輩です。鹿児島の教育の発展のためには、このような同僚たちが、これまでの経験を生かしながら最大限に力を発揮できるような職場環境を作っていくことが重要であり、このことが課長としての責務だと常に言い聞かせていました。

着任後は怒涛のようなスケジュールが刻まれて行きました。着任直後に課の職員全員への挨拶、庁外の主要な関係先への挨拶、県庁内外から来る来客への挨拶など、朝から夕方まで挨拶三昧。口下手な私には苦痛のような場面続きでした。

また、夥しい数の打合せや「未決箱」にうず高く積まれた原議書のチェックに追われ、勤務時間中は自席にゆっくり座ることはほとんどなく、文部科学省での仕事とのギャップに驚くことばかりでした。これまでの役人生活で得た経験で対処できることもありましたが、多くの課題は現場に近い県教委ならではのものです。課の職員からその都度鹿児島の実情を教えてもらいながら、一つずつ判断していくということの繰り返しでした。義務教育課の同僚はどの案件も手抜きせず、きちんと書類を整え、一件一件粘り強く懇切丁寧に説明してくれました。おかげで2年目は課内での意思決定はかなりスムーズに行うことができたように思います。とはいえ、当時は先のことを考える余裕もなく、一日も早く戦力になりたい、と焦りばかりが先行する毎日でした。

しかしながら、不安が安心に変わるのにそう時間を要しませんでした。なぜなら、鹿児島の方々はおもてなし精神にあふれていて、突然、東京からやってきた私のような者を温かく仲間に迎え入れていただき、仕事中もオフのときもアットホームな雰囲気の中で大変よく接してくださったからです。

鹿児島へ転勤し東京とは何から何まで生活が一変しましたが、その一番の違いは通勤でしょう。天保山にある県の宿舎から県庁まではわずか2キロ弱の距離です。満員電車でもみくちゃになりながら通勤していた東京での生活から、風を切って自転車を漕いで通勤するストレスフリーな鹿児島の生活への変化は劇的でした。東京での通勤を思えば、桜島から時おり降ってくる火山灰などまったく苦になりませんでした。

着任して一番感激したのは、歓迎会そして誕生日でした。歓迎会の会場は県庁から至近の「ホテルウェルビューかごしま」。ホテルを併設しているこの施設の立派なことに感激し、歓迎会の運びにさらに感嘆させられました。私を含む13名の歓迎者は最初、会場の外に待機し、司会進行役の合図で拍手をもって迎え入れられました。その後は、司会が式次第に則り厳粛に取り進め、職員は丸テーブルに、歓迎者は雛壇に座るなどさながら結婚披露宴のような配置で、「来賓の挨拶」「歓迎のことば」「乾杯」……と会が進行してゆくのです。ここまで手厚く歓待されたのは初めての経験です。私の出番は「転入者代表のあいさつ」と「転入者のあいさつ」の2回。「転入者のあいさつ」は驚くことではありませんが、「転入者代表のあいさつ」ではいったい何を話したらよいのだろう、と悩んだのを記憶しています。歓談の時間になると、歓迎者の元に焼酎を持った課の職員が列をなして一人ずつやってきます。そのとき初めて課の職員一人一人の職場とは違った素顔に触れたような気がして、名実共に課の一員に加わった気がしました。

また、私は4月7日生まれのため、着任後すぐに35回目の誕生日がやってきました。これまでの人生を振り返ると、大抵、入学式や始業式と重なり、人知れず誕生日が終わっていた、という寂しい経験ばかりだった私。誕生日の朝、いつもどおり執務室に入ると、やにわに職員全員が立ち上がり、私に視線が集まりました。何が始まったのかわからず、茫然としていると、音楽が専門の田中真一郎主任指導主事が鍵盤ハーモニカでバースデーソングを演奏し、谷村真由美指導主事の指揮に合わせて、職員の大合唱が始まりました。恥ずかしいやら嬉しいやら。慣れない土地に飛び込んで不安な思いをしているのではないか、単身赴任で家族と離れ寂しい誕生日を過ごしているのではないか、といった配慮もあったのでしょう。激務の中、事前に準備し、このような粋な計らいをしてくれた義務教育課の職員には本当に感謝の気持ちしかありません。課の職員のために、そして何よりも鹿児島の教育の発展のために頑張るぞ、という気持ちが沸々と湧き上がってきたのでした。私の鹿児島での仕事はこのように温かい仲間たちに囲まれスタートしたのでした。

誕生日、心温まるサプライズ

さて、話題は変わりますが、この後の章でも組織名がたびたび登場するため、県教委の組織について簡単にご説明します。県教委は次ページのような組織構成になっています。全部で9課1室。私の上司にあたる県教委事務局の幹部は教育長と2名の教育次長です。次長は事務系と教員籍の方が1名ずつ配置されており、教育委員会事務局の業務全般を担当しています。

義務教育課の所掌は、県教委の分掌事務によると以下のとおりです。

義務教育及び特別支援教育に係る指導事務、市町村立幼・小・中及び県立特別支援学校の組織編制・教育課程・学習指導・生徒指導・進路指導、児童生徒の就学、県立特別支援学校幼稚部・高等部の入学者選抜・募集定員、へき地教育、幼稚園教育、教科書その他の教材の取扱い、学校職員の研修、教育研究団体、学校図書館等の運営指導、就学奨励に係る助成、総合教育センター、教科用図書選定審議会、県いじめ調査委員会に関すること。

このように、教職員の人事や定数、学校の施設設備整備などを除く幼稚園、小・中学校、特別支援学校の教育面を幅広く担当していることがおわかりになるのではないでしょうか。

私が在籍していた当時の義務教育課の構成は、学事助成係、企画生徒指導係、義務教育係、特別支援教育係の４係体制でしたが２０１６年４月には特別支援教育室が新たに発足し、「係」から「室」に昇格し、特別支援教育に係る職員数も増員となりました。

義務教育課の所掌がいかに広いかは、文部科学省におけるこれらの業務の担当課に置き換えてみるとよくわかります。文部科学省の中でも義務教育課と最も関わりが深い初等中等教育局の関係する課は、初等中等教育企画課（教育委員会との窓口、就学事

県教育委員会事務局機構表
（2016年4月現在）

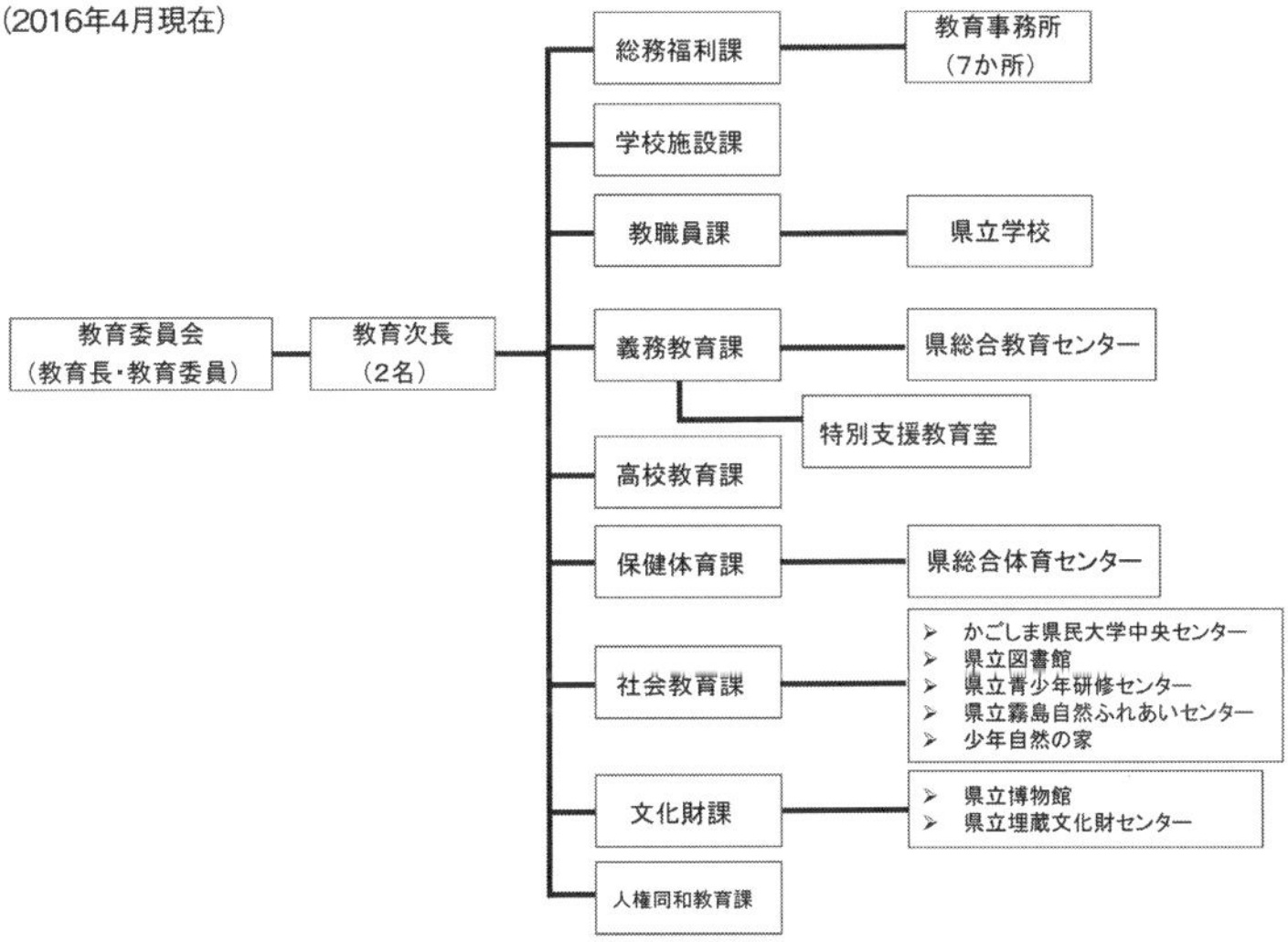

（出典）2016年度「鹿児島の教育」（リーフレット）より筆者作成

務）、教育課程課（教育課程や学習指導、土曜授業、へき地教育）、児童生徒課（いじめ問題を含む生徒指導や進路指導）、幼児教育課（幼稚園教育）、特別支援教育課（特別支援教育全般）、国際教育課（外国語教育の取組）、教科書課（教科書の採択）、教職員課（教員研修）、参事官付（全国学力・学習状況調査）など。このほか生涯学習政策局の情報教育課（教育の情報化）とも密に関わっていますので、文部科学省の10課に及ぶ業務をわずか30名で担っていると考えることができます。言い換えれば、課の職員一人一人に数多くの仕事と責任が任されており、職員が身を粉にしながら働き、現場との間をつなぎ、遺漏なく仕事をこなしているおかげで教育行政の歯車が円滑に回っているといえるでしょう。

（3）文部科学省の職員が地方に出向する意味

私は、文部科学省の役人にとって教育委員会で勤務する意味はとても重いと感じています。それは、なぜか。その理由は他省庁、例えば総務省や国土交通省など地方勤務が頻繁にある役所とは異なり、文部科学省の職員で地方の教育委員会に出向できるのはせいぜい1回、多くて2回程度にすぎないからです。だからこそ、私たち文部科学省の職員は、限られた出向期間の中で現場を知り、積極的に現場と関わり、帰任した後には文部科学行政に生かす覚悟が求められるのです。

また、教育委員会と一口に言っても、義務教育を担当するポストもあれば、高校教育や社会教育、教育政策をとりまとめる部署もあります。また都道府県教委だけでなく、市町村教委のポストも増えています。さらにいうと、私のように在任期間中、1ポストで腰を据えてじっくり仕事を行う教育委員会もあれば、1年目は義務教育担当で2年目は高校教育担当、といったように複数の部署を経験する教育委員会もあり、出向者にどのような部署で力を発揮してもらいたいか、各教育委員会の方針が表れているように感じます。

繰り返しになりますが、霞が関を離れ、現場により近い県教委で仕事ができるということは大変貴重な経験です。文部科学省の職員が地方に出張し、学校を訪問し現場の実情を肌で感じる機会はそう頻繁にあることではありません。前職でも小・中学校の教育を担当していましたが、東京23区内の学校を何校か訪問した程度で、地方の学校や、複式学級など小規模校の様子を見ることはできませんでした。

鹿児島に出向し、鹿児島や九州の学校を訪問してみて感じたことがあります。都市部の小・中学校は全国的に見ても特殊で、日本全体の学校教育を論じる場合には地方の教育現場の実態も十分踏まえておかないと政策を見誤ってしまう恐れがあるということです。離島が多く、また、小規模校の多い鹿児島に出向できたことは私の今後の役人人生においても得難い経験となりました。恥ずかしながら先述した「複式学級」も鹿児島に来て初めて目の当たりにしました。これまで資料や写真でしか見ることのなかった多様な現場の姿があるということを、身をもって知ることができ、現場で働く先生方の生の声を聞くことができたのも地方出向のよさなのだと思います。

県教委の指導主事や現場の先生方とお話しする中で、「離島やへき地の学校を訪問し、学校教育の実情を国に持ち帰ってほしい」「鹿児島の離島の学校を訪問したことのある方が文部科学省で教育施策を担っているということは鹿児島にとってとても重要なことなんです」といった言葉を何度お聞きしたかわかりません。そして、私が訪問したことのある離島の小規模校の名前をお伝えすると「都市部の大規模校だけでなく、あんな小さな学校まで義務教育課長さんが訪問して、目配りいただいているんですね」と心から感激してくださいました。鹿児島の教育現場の実態を知る出向者が文部科学省に戻り、地方の実情を踏まえた上で教育政策を展開してもらいたい、という悲痛なまでの思いが鹿児島の教育関係者に共通しているのだと感じました。また、離任直前にはさまざまな懸案が立て続けに降りかかり、残された時間で解決に全力で取り組みましたが、上司や同僚が全力をかけてサポートしてくださいました。その際、掛けられた「国から出向で来られた方には鹿児島によいイメージを持って帰ってもらいたい」という言葉も耳から離れることはありません。

さらに私自身に関していえば、約30名の職員を束ねるという経験は何にも代えがたいものがあります。所帯の大きい課のマネジメントに携わるということは言うまでもなく大変な重責です。日々の仕事を円滑に回すことだけではなく、鹿児島の義務教育行政、特別支援教育行政の進むべき方向性やビジョンを示すことが重要です。そのために必要な予算や人員を確保することも不可欠です。また、職員の健康状態のケアや課内人事にも心を砕かなくてはなりません。このような経験を30代半ばで積ませていただけるのは県教委出向の醍醐味に違いありません。これまで本省ではせいぜい部下が数名で、自分自身が動いて資料を作成したり、コピーをとったりと頭を働かせつつ手足も同時に動かす仕事が中心で、課内のマネジメントについて深く考えることはほとんどありませんでした。

さらに、地方に出向した先輩からたびたび聞かされていて戦々恐々としていた業務として県議会対応があります。県の課長は議会の常任委員会（鹿児島では文教警察委員会）において答弁権があり、課の所掌についての質問は担当課長から答えるのが通例です。しかも、事前に質問通告などないため、その場で突然聞かれた質問に対し当意即妙に答弁しなくてはなりません。答弁の内容によっては業務の遂行に大きな影響を及ぼしますし、教育長はじめ教育委員会全体に迷惑をかけることにつながります。しかも答弁は一般公開される議事録にも掲載されますので、誠実かつ正確に答えることが求められます。文部科学省時代に国会対応で、大臣や政府参考人の答弁のドラフトを作成した経験は山のようにありましたが、実際に答弁に立って答えたことは当然ながらありません。

着任2か月後に訪れた6月議会の前はさすがに休日返上で猛勉強しました。かつて経験したことのない緊張感の中迎えた初めての文教警察委員会。何とか乗り切り、議会棟を出て執務室に戻り職員から拍手で迎えていただいたときの安堵感といったらほかに例えようもありません。

県議会に関して言えば会期内外を問わず、県議会議員の方々とは大変良好な関係を築かせていただきました。私の感覚で申し上げると、文部科学省と国会議員との関係よりもかなり近い存在で、課長席に電話をいただき、学校教育の状況についてご質問を受けることも頻繁にありましたし、議会棟に個別案件を説明に行ったり、文教警察委員の県内視察に同行しその道中で先生方と意見交換したりしました。県議の方々のバックグラウンドはさまざまですが教育に対して強い問題意識をお持ちの方が多く、さまざまな場面で叱咤激励していただきました。第5章で詳述する義務教育課のフェイスブックに目を通してくださる県議の方もたくさんおられ、「課長、この前○○島の小学校を訪問してくれたんだって。僕の母校だよ」と気さくに声を掛けてくださったこともありました。特に義務教育課の施策に対しては継続的に関心を持っていただいている県議が多く、各県議の背後にいる県民の姿に思いを至しながら、ご指摘いただくたびに施策を点検し、改善するよう心掛けました。

(4) 鹿児島の魅力あれこれ

本章をここまでお読みいただいただけでも、私にとって鹿児島で生活した2年間がいかに充実したものだったかが、本文から、行間からにじみ出ていることでしょう。最後に私自身が肌で感じた鹿児島の魅力をご紹介して本章を閉じさせていただきます。

鹿児島と聞いて想起するものといえば、黒豚、黒牛、新鮮な魚介類、焼酎、茶などの「食」、桜島、屋久島、奄美大島に象徴される「自然」、西郷隆盛、大久保利通といった傑物たちが明治維新を牽引した「歴史」、六月燈、妙円寺詣り、流鏑馬などの各地域で大切にされてきた「文化」、霧島、指宿をはじめとする「温泉」など、魅力を数え上げればきりがありません。そして、私はこの鹿児島の持つ魅力を余すところなく経験させていただきました。

まず「食」については、天文館や鹿児島中央駅界隈で食事をすると外れがなく、どの店も値段が手ごろで美味しいのです。その中でも味に定評のあるお店を義務教育課の同僚たちが選んでは連れて行ってくれました。鹿児島で一つでも多くよい思い出を作って東京に帰ってもらいたい、という心遣いだと思います。芋焼酎片手にキビナゴやブリの刺身、黒豚しゃぶしゃぶを頬張る贅沢といったら格別なものがあります。ごはんものだけではなく銘菓も侮れません。代表格の「かるかん」のほかにも「げたんは」「かからん団子」「あくまき」などほっこりするような飾り気のない銘菓もお勧めです。県内各地の道の駅に停車すると、決まってご当地もののスイーツを探して購入していました。

また、鹿児島の豊かな「自然」はいつも私の仕事で疲れた心と体を優しく癒してくれました。屋久島では縄文杉トレッキングで健康的に汗を流したり、奄美大島でダイビングやシュノーケリング、シーカヤックなどマリンスポーツを体験したり、薩摩富士と呼ばれる開聞岳を登山したり、喜界島ではアサギマダラが優雅に乱舞する姿にうっとりしたりと、広域県であるが故に、実に多様な自然を有しているのが鹿児島の魅力なのだと思います。このほかにも穏やかな川と川床に広がる溶結凝灰岩の石畳が独特の景観を作り出している「花瀬川」（錦江町）、島津の殿様が感嘆し命名したと言われる甑島《こしきしま》の「長目の浜」（薩摩川内市）など景勝地がごまんとあります。

「歴史」という意味においては、鹿児島ほど歴史を大切にする県はないのではないか、と思われるほど、県外からの人間を飽きさせません。学校訪問の際に道すがら、遺跡や城跡、神社仏閣などの看板を見かけることが大変多く、歴史好きの私は気になった場所をチェックし休みの日によく訪れてみたものです。市内には幕末から明治維新に活躍した著名な偉人の像や、彼らにちなんだ場所が加治屋町を中心にひしめいているほか、例えば、日本版モン・サン＝ミシェルとも言うべき「荒平《あらひら》天神」（鹿屋市）、あぜ道にひっそりと佇んでいる「田の神《かん》さあ」（県内各地）、島津家の版図を広げるのに寄与した伊作《いざく》島津家の拠点「伊作城」（日置市）、入来《いりき》や知覧、出水《いずみ》に残る「武家屋敷」など地方部にも多くの文化財が所在しています。２年間ではとても回り切れなかったため、鹿児島を離れてからも鹿児島に帰るたびに、友人らと山城など文化財巡りを楽しんでいます。

長目の浜からの眺め

地域のお祭りや伝統芸能など連綿と受け継がれてきた「文化」は学校の教育活動とも密接に関わっており、学校訪問の際にお聞きすることが多かったように記憶しています。各地に残る伝統を地域の方々が一生懸命、次世代につないでいこうとする姿には胸を打つものがあります。個人的には「おはら祭り」（鹿児島市）、「せっぺとべ」（日置市）、「鬼火たき」（県内各地）などに参加させていただきました。

「温泉」は先ほど述べた自然の恵みと深くつながるものですが、鹿児島は大分県に負けず劣らずの温泉県であり、温泉が生活に密着していて県民にとても身近な存在といえます。鹿児島市内中心部にも当たり前のように温泉（泉源数約２７０は県庁所在地でナンバー１）があり、東京では考えられませんが、３００円台で温泉を利用できるためお得感が半端ありません。運動後に筋肉をほぐすために入ったり、気分転換に立ち寄ったりしていました。また、人里離れたところにある鄙びた温泉も味があっていいものです（かじか荘（出水市））。さらに、離島になると更衣スペースもなく、間近に海が迫ってくるような場所にある秘境の温泉（東温泉（三島村・硫黄島））もあり、開放感を存分に感じることができます。

さらに言うと、歴史や文化など過去を大切にするといった側面だけに留まらず、「宇宙」に一番近いというのも鹿児島の魅力の一つに挙げられるでしょう。ご案内のとおり日本で鹿児島だけにＪＡＸＡのロケットの射場が種子島（南種子町）と内之浦（肝付町）の2か所にあります。打ち上げ日が発表されると種子島に向かう高速船はすぐに満席となり、当日は全国から宇宙ファンが集結し、関連のイベントやツアーも催行されています。私は打ち上げを間近で見たいと思い、友人と連れ立って内之浦宇宙空間観測所まで科学衛星の打ち上げを観に行きました。仕事が終わった後の18時ごろに出発し、20時の打ち上げを目指しフェリーで大隅半島に渡ると漆黒の夜道をひた走りました。しかし射場までの道のりは思いのほか遠く、射場行きは泣く泣く断念。手前にある内之浦総合支所で車を停め、赤々としたロケットが打ち上がる様子を見学しました。ロケットの迫力に感激するとともに、ロケットの白煙が晴れた瞬間、目に飛び込んできた眩いばかりの無数の星々にもはっと息をのみま

三島村・硫黄島の東温泉

した。耳をすますと虫たちも打ち上げ成功を祝すかのように合唱していました。古きものと新しきものが交差する鹿児島を象徴するような経験となりました。

　話題は変わりますが、私はランニングを趣味にしています。鹿児島で開催されるマラソン大会や駅伝大会にはたくさんエントリーし、２年間で計５回のフルマラソン（鹿児島マラソン、出水ツルマラソン×２、いぶすき菜の花マラソン、たねがしまロケットマラソン）、ハーフマラソン１回（あくねボンタンロードレース）、駅伝大会（ドルフィンポートや桜島）に出場しました。目標にしていた３時間半切りは果たせませんでしたが、それでも鹿児島の雄大な自然を感じながらのマラソン大会は、都市部の大会とは違ったよさがありますし、沿道の声援、補給食を振る舞ってくださる多くのボランティアなど鹿児島の方の心の温かさを実感しました。これらの大会には、ランニングという共通の趣味を持つ友人と一緒に出場したり練習会に参加したりして、職場以外にも仲間が増え楽しい休日を送ることができました。普段は錦江湾沿いや県庁近くの県立鴨池公園の周りを走り、休日は桜島にフェリーで渡って半周走った後、温泉に浸かって疲れを癒すなどして過ごしていましたので、就職して以来最もコンディションがよく、体も引き締まりました（東京に戻った今はその反動にショックを受けていますが）。

　趣味のランニングのほかには、長年、合気道を続けている妻から、「（武道を念頭に）せっかく鹿児島に行くのだから東京ではできないことを何か始めたら」と強く薦められたことを受け、県教委の職員に聞いて回ったところ、県庁近くの鴨池の武道館で剣道の稽古が行われているとの情報を得ました。中学

鹿児島リレーマラソン、ゴールの瞬間
（筆者は左から２番目）

校の体育の時間で少し剣道をかじった程度の初心者だったので、恐る恐る武道館の稽古に顔を出してみましたが、菅付進一先生から毎回、懇切丁寧に剣道の「いろは」から手順を追って教えていただきました。また、鹿児島の剣道界を長年にわたり牽引されてこられている會田彰先生にも引き合わせてくださいました。ただし、貴重な機会だったにもかかわらず、稽古日と出張や会合とが重なることが多く、継続的に稽古に参加できなかったのは残念でなりません。教えていただいたことを思い出し、いつか剣道の稽古を再開できればと思っています。

　鹿児島の魅力をこれまで縷々述べてまいりましたが、最後はつまるところ「人」だと思うのです。県内各地を訪れ、そこで出会う人情味のある鹿児島の方に接すると、また訪れたい気持ちが込み上げてきます。鹿児島が多くの人から愛されているのも「人」の力だと感じます。鹿児島が今後も変わらず心温かな人々を輩出し、多くの人をおもてなしの心で迎えてくれる県であり続けてほしいと願うばかりです。

會田先生のお宅にて先生を囲んで
（筆者は前列右端）

　さて、次章では、個別具体の施策に触れる前に、まずは鹿児島の教育の実態をデータで示しながらご説明することにしましょう。

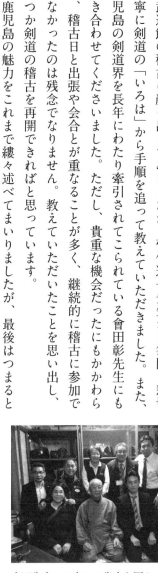

コラム

コンビニで人間らしい会話が生まれる鹿児島

着任して１週間ほど経過したある日、鹿児島市内の自宅近くのコンビニでお菓子を買おうとして、レジにいた若い男性店員に商品を渡したときのこと。通常なら、その後は店員がすかさずバーコードリーダーでピッと読み取り、金額が表示されると、財布から硬貨を出し、支払いを済ませ商品を受け取り、一言も発せず店を後にする。何の変哲もない日常の一コマになるはずでした。

ところが、財布を取り出し支払おうとすると店員は人懐っこく微笑みかけ、私に対し「お客さん、甘いもの好きなんですね。僕もですよ。僕のお勧めはこのチョコレートです。今度、試してみてください」と話し掛けてくるのです。コンビニで店員から話し掛けられるなんて予期していなかったため、不意打ちを食らった感じでした。これだけなら、たまたま話好きの店員かもしれません。

しかし別の日に訪れたほかのコンビニでも、朝、新聞を買うと、「お客さん、今から仕事ですか。頑張って行ってらっしゃい」と声を掛けられたのです。

県内の離島や地方部だとわからなくもないですが、これは、人口70万都市の鹿児島市内での出来事。そしてこのエピソードはほんの一例にすぎません。タクシーやバスに乗ると運転手が話し掛けてくるのは日常茶飯事です。県外から来た友人もこのことに驚き、親近感を持ったと言っていました。

鹿児島県民というと薩摩藩の偉人のイメージが強いせいか寡黙な方が多いのかと勝手に想像していましたが実際はその逆で、人とのつながりを大切にし、コミュニケーションを図るのが好きで社交的な方が多いのです。だからこそ、県外からやって来た私のような人間でも、鹿児島での生活に自然に溶け込めますし、まるで故郷に帰ってきたような懐かしさを覚えるのでしょう。私が自分の生まれ故郷である兵庫県以上に鹿児島に愛着を持つのも、こうした理由によるのかもしれません。

第2章 鹿児島は教育県か？

本題に入る前に、まずは鹿児島の教育の現状についてデータや歴史的な経緯などを丁寧に紐解きながら見ていくことにします。そうすることで、ほかの都道府県と比較して鹿児島固有の事情は何か、全国に共通する事柄があるのか、などを把握しやすくなるのではないかと考えました。鹿児島の教育の「今」を的確に把握する上で、「過去」から「今」に至る歴史に目を向け、深く知ることは、この後の章の理解においても大切だと考えたからです。

実は、鹿児島の「過去」を紐解くためのモチベーションを私に提供してくれたのは、鹿児島で何度か耳にした、ある言葉でした。「鹿児島はかつては教育県だった」。この言葉には、「かつては教育県（すなわち学力が高かった）だったが今はそうではない」という含意がありました。過去のノスタルジーに浸っていたのでは鹿児島の教育は絶対によくならないですし、かつて鹿児島の学力は高かったとされる言説にも疑問を覚えました。そこで、鹿児島の教育史や過去の地元紙を図書館に籠って調べてみると、学力だけでなく鹿児島の学校教育の足跡が明らかになってきました。以下では、私なりに鹿児島の教育について探究した成果も含めて紹介することにしましょう。

ところで、実際に鹿児島は教育県だったのでしょうか。結論から申し上げて私が推測したとおり根拠となる事実は見当たらず、県として公式に教育県を標榜した事実もありませんでした[1]。また１９５６年から１９６６年にかけて文部省（当時）が実施した全国学力調査の結果は振るいませんでした。特に

１９５６年の調査は鹿児島は全国最下位という結果でした。ですから、過去と比較して今の学校教育は課題がある、という根拠のない言説が流布しないよう、とりわけ学校関係者以外の方とお話をするときには、歴史的経緯も絡めて事実を丁寧に伝えるよう注意を払いました。

なお、以下のデータは特に断りのない限り２０１５年度時点のものです。

（１）学校の多い鹿児島

鹿児島県内を観光バスやドライブなどで回られた方の目には、意識せずとも、歴史を感じさせる構えの校舎や、南国情緒溢れるカラフルな校舎を有する小学校が数多く飛び込んでくるはずです。その数、公立小学校は５２５校、公立中学校は２２６校、計７５１校にも上ります。このほか公立の特別支援学校が16校、高等学校が72校です。７５１校の公立小・中学校のうち中学校1校を除き（２０１５年４月に開校した楠隼中学校のみ県立）、設置者は市町村です。特別支援学校については全て県立、高等学校については、県立が65校、市立が7校です。

①小・中学校の児童生徒数の推移

さて、ここからは小・中学校に焦点を当ててみたいと思います。

1　「教育県鹿児島」についての考え方については、２０１５年8月27日に行われた第2回総合教育会議における伊藤祐一郎知事（当時）の発言も参考にされたい。

まず、現在の鹿児島県内の児童数は約9万人、生徒数は約4万5千人です。在任中は、「1学年の児童数または生徒数は約1万5千人」と常に頭にインプットしていました。

図2‐1のとおり過去の児童生徒数の変遷を追ってみると、小学生は1958（昭和33）年の約33万6千人をピークに、1970年代中葉から1980年代の一時期を除きほぼ一貫して減少し、同様に、中学生も1962（昭和37）年に約17万人を記録して以降、右下がりとなっていることがわかります。これは、高度成長期に職を求めて子育て世代が都市部に大量に流出していったことが大きく影響していると考えられています。全国的なトレンドでは、「こぶ」が二つ、すなわち、第1次ベビーブーム世代が学齢期を迎えた1950年代後半から1960年代前半の間と、第2次ベビーブームの子供たちが学齢期を迎えた1980年代の二つの伸びが確認されるのですが、鹿児島では、「こぶ」は一つしかなく、出生数をはるかに上回る規模で人口流出が継続し、県全体に影響を及ぼしていました。この児童生徒数の急減については、後で触れるように、当時の教育課題の一丁目一番地に挙げられる懸案でした。

一方で、ここ20年ほどの間にみられる減少は、人口流出というよりもむしろ、出生率の低下によるも

図2‐1　鹿児島県内の公立の児童生徒数の推移

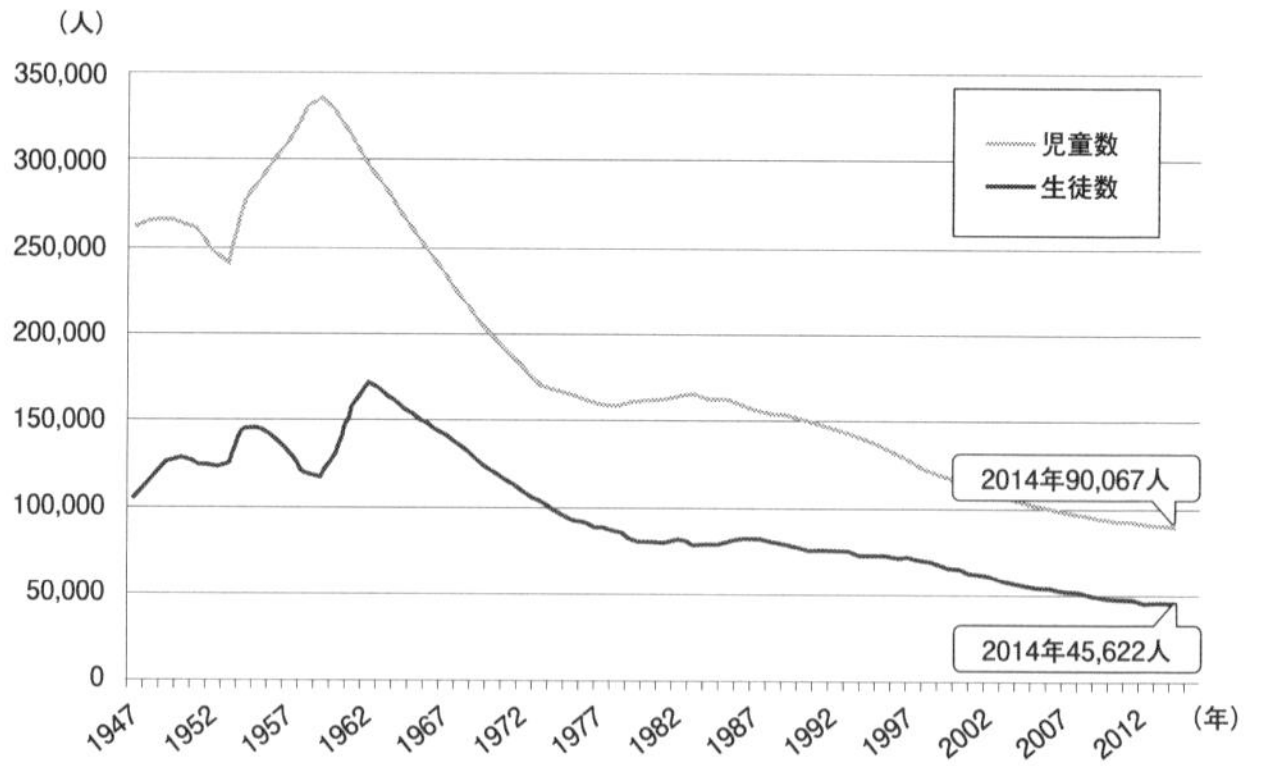

（出典）「学校基本調査」（文部科学省）より筆者作成

のと考えられています。

②小・中学校数の推移

このように戦後、子供の数の急増と、その後の長きにわたる減少を経験した鹿児島県ですが、子供たちの学び舎である学校の数はどのような変遷を辿ってきたのでしょうか。

図2-2に示すとおり、小・中学校数も1950年代をピークに減少していることがわかります。ただ、小学校は、1960年代後半から1970年代に急激な減少を経験した後、1980年代から1990年代まで横ばいの時期が長く続いています。これに対し、中学校は同じく1960年代後半から1970年代前半に減少幅が大きく、その後は微減が続いています。そして、小・中学校いずれも、ここ5~6年で再び減少幅が大きくなっています。

この学校数の減少から何がわかるでしょうか。学校がなくなるということは、(義務教育ですから)人口減少により、その学校に通う児童生徒がゼロになるか、行政の意思により学校を統廃合するかのいずれかになりますが、1960~70年代の学校数の減少はほぼ後者と考えて間違いありません。しかも、行政の意思が強く働いていたことが過去

図2-2　鹿児島県内の小・中学校数の推移

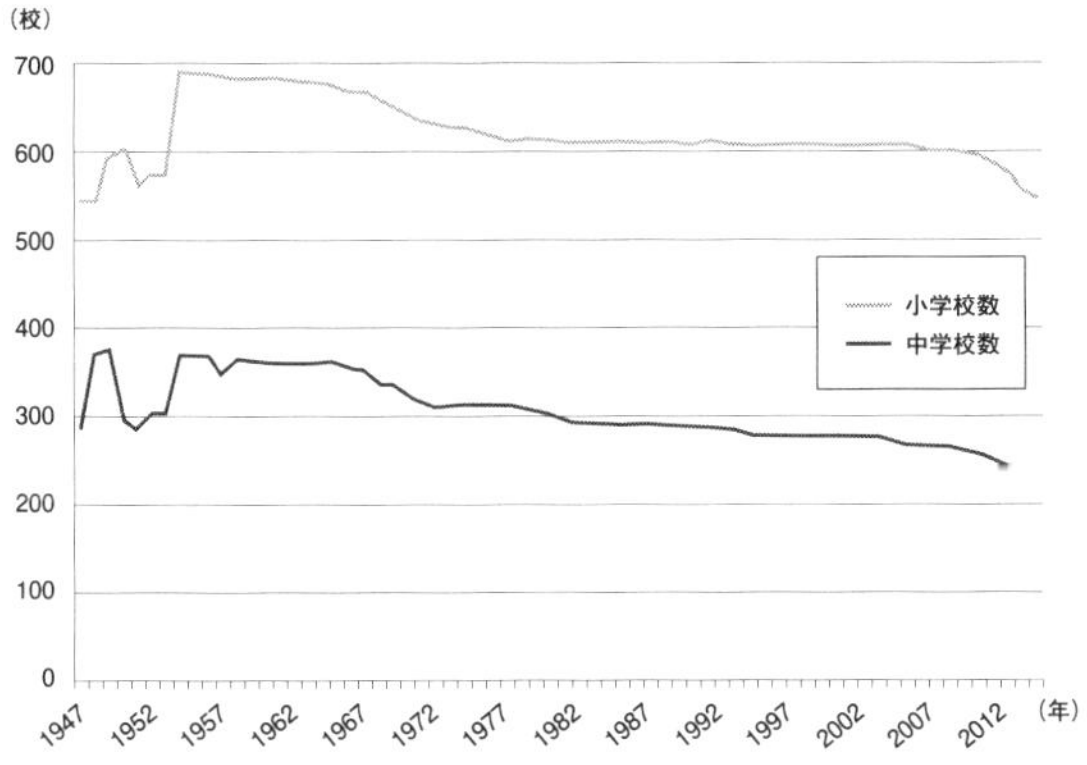

(出典)「学校基本調査」(文部科学省)より筆者作成

の記録から読み取れます。以下、『鹿児島県史・第6巻』[2]からの引用です。

県教委は、統合推進をはかるため、66年に地域住民の理解を得ることを第一として「学校統合の手引き」を作成して啓発につとめ、（略）69年度には学校統合が県勢発展計画の重点施策となったので、さらに積極的な手を加え促進された。（P559）

本県の中学校数は全国4位（1967年5月1日現在。筆者注）で、文部省のいう適正（500～800人）に達しない小規模校が数多くあり、そうした小学校は19・7パーセント、中学校は25・5パーセントにのぼっていた。（P606）

これらの記述から、小規模化した学校を統合することが待ったなしの課題であったことがわかります。学校規模の適正化に努め、教育条件を向上させるための施策に向けて手を打つために、県が先頭に立って統廃合の旗を振っていたことも県の危機感の現れといえるでしょう。

全国と同様、本県でも統合を進めようとする行政当局と反対する地元住民との間でトラブルが頻発し、数年に及ぶ対立の末、事態の早期収束のため、県教育長が現地に赴き、あっせんしたという生々しい記録も残されています。こうした背景から、県独自に統廃合の手順を記した「手引き」を作成し、地元住民との合意形成を図りながら丁寧に進めていくことが大切であると説いたのだと考えられます。

ところで、先に見てきたように、小学校と中学校では、減少傾向が若干異なっていました。それぞれ学校規模の適正化に対しスタンスは違ったのでしょうか。以下、再び『鹿児島県史・第6巻』からの引用です。

義務教育全体をみた場合、小学校段階では地域住民の感情を重視し、児童の通学距離を考慮して、できるだけ残すように努力したのに対し、中学校段階では、教育行政の施策上から、「学力向上のための適正規模」「高い教育機能への期待」などがあり、学校統合を推進した。１町村１中学校を実現したところが多く、文部省が示した12～18学級前後という規定を目標にした。（Ｐ６０６）

このように、小学校は登下校の便から基本的に存置する一方で、中学校は市町村合併とほぼ同時期に統合を推し進めたことがわかります。先ほど示した図２‐２とも符合します。

ここまで学校数の推移について述べてきましたが、戦後の統廃合を巡る混乱期から半世紀を経た今、鹿児島の学校数は全国と比較するとどうでしょうか。

単純に数値で比較すれば、首都圏や関西圏の都道府県には及ばないものの、人口比で見ると学校数は多い部類に属しています。学校数が多い理由として、県域が広大であることや離島が多く統廃合が困難な地域があることが第一に考えられますが、私はこれらの理由に加え、鹿児島の人々の学校（特に小学校）を大切にする土地柄も関係しているのではないかと見ています。先述のとおり、一時期、統廃合が強力に推し進められてきましたが、その後、子供の数は減少し続けてきたにもかかわらず学校数はほぼ

２　『鹿児島県史・第６巻』は１９６４～１９８８年までを対象に編纂。教育については下巻の第21章（Ｐ５５３～７３９）に多くのページを割いて記述され、当時の様子を克明に伝える貴重な資料である。

横ばいの時期が長く続きます。学校は「地域コミュニティの核」といわれますが、鹿児島では、その言葉のとおり地域の中で大切にされ、教員もまた地域に溶け込んで子供に真正面から向き合い、学校はなくてはならない存在として機能し続けてきたのではないでしょうか。

③特別支援学校の状況

先に述べたとおり県立の特別支援学校は、県内に16校（このほか国立1校）あります。全国的な傾向と同様、鹿児島においても特別支援教育のニーズは高まっており、対象児童生徒は増加の一途を辿っています。特別支援教育の理解が進み、普通学級で学ぶよりも障害等に応じた少人数の特別支援学級を、あるいは、小・中学校で学ぶより専門性の高い教職員がきめ細かい指導を行っている特別支援学校を希望される保護者が増えていることが考えられます。これは、ここ数年の傾向からも明らかです（図２－３）。

鹿児島では、近年、このような傾向を受け、２００７年度以降、新設１校（鹿児島高等特別支援学校）、小・中学部のほかに高等部の設置１校（中種子《なかたね》養護学校）、老朽化や児童生徒数の増に伴う移転・改修５校（鹿児島盲学校、鹿児島聾学校、鹿児島養護学校、武岡台養護学校、桜丘養護学校）など、ハード

図２－３　鹿児島県内の特別支援学級等の児童生徒数の推移

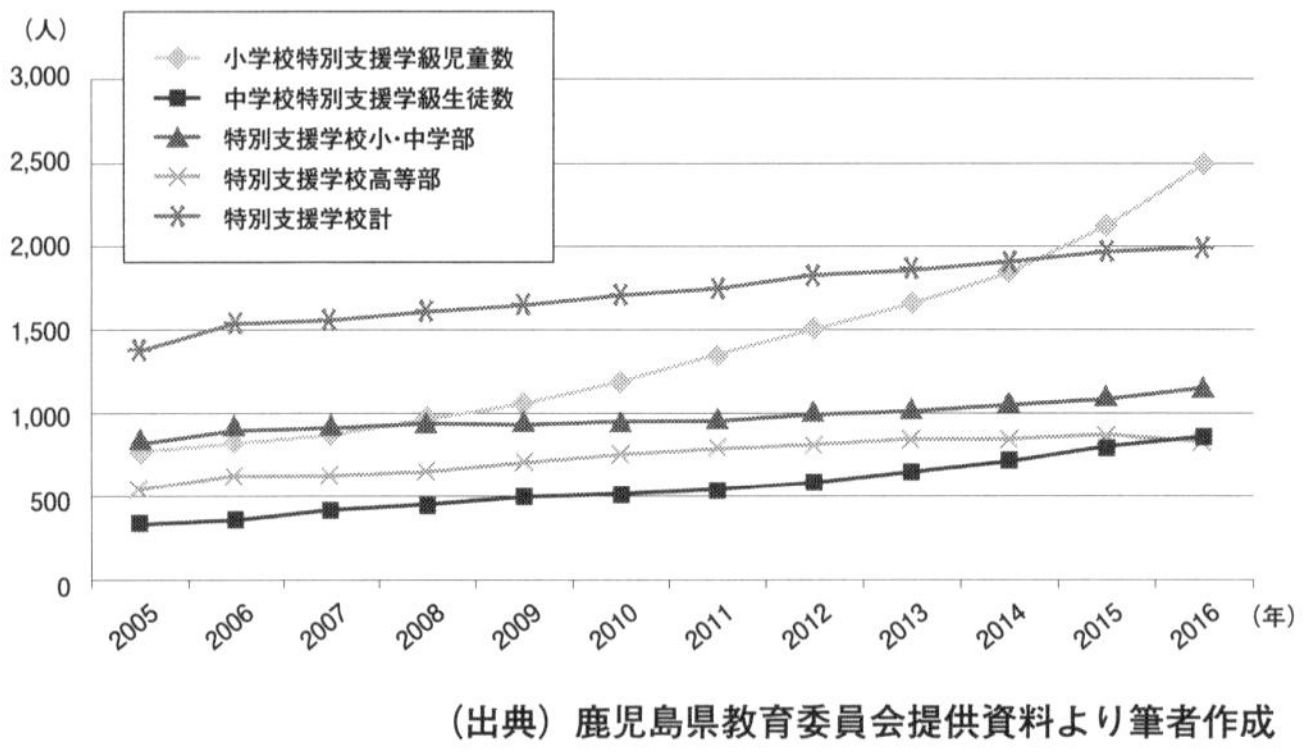

（出典）鹿児島県教育委員会提供資料より筆者作成

面の整備が相次いで行われました。

さらに、高まる特別支援教育のニーズにきめ細かく対応するため、離島における高校校舎を活用した訪問教育が２０１０年から行われています。これは離島が多いという鹿児島の地理的特性を反映した独自のシステムであるといえます。離島部には大島養護学校と中種子養護学校の２校特別支援学校が設置されていますが、県内には高校はあるものの特別支援学校が設置されていない離島が５つ（屋久島、喜界島、徳之島、沖永良部島《おきのえらぶじま》、与論島）あります。

これらの離島のうち与論島でまず、特別支援学校の分教室[3]設置要望の声があがりました。与論島在住の障害をもつ子供は、中学校まで地元で過ごした後、特別支援教育を受ける場合には、島を離れ奄美大島にある大島養護学校に通う必要があります。地元の与論島に特別支援学校の分教室を設置し、島で生活しながら専門的な教育も受けられるようにしてほしい、という保護者の方々からの要望です。

一方で、本校に準ずる規模の学校を別途設置するのは容易でなく、また大島養護学校は与論島を含む大島地区全体の特別支援教育の発展充実のために設置された経緯もあり、専門性を有した教職員が配置されています。保護者の方々の要望にも寄り添いつつ、大島養護学校の役割も踏まえた対策を検討した結果、生まれたのが、先に述べた「高校校舎を活用した特別支援学校（大島養護学校）の高等部訪問教育」の導入だったのです。

特別支援教育における訪問教育とは、「障害が重度・重複していて養護学校等に通学困難な児童生徒

3　分教室について、法令上の定義はないが、特別支援学校の本校の数クラス程度の教育機能を本校から切り離し高校等に移すイメージ。本校並みのカリキュラムを編成する必要があり、学習環境や指導体制等の条件整備が不可欠となる。

に対し、教員が家庭、児童福祉施設、医療機関等を訪問して行う教育」[4]と定義されており、教員が自宅等を訪問するのが通例です。しかし、特別支援学校のようにほかの障害をもつ子供と学び、また、中学校まで共に学んだ同級生と触れ合いながら、学校生活を送らせてやりたい、という要望の趣旨を踏まえつつ、検討をした結果、高等学校の中に訪問教育用の教室を設け、対象生徒がその教室に集まり、特別支援学校から派遣された教員による授業を受ける、という形態を採用しました。

この形態による訪問教育はその後、地元のニーズを踏まえ、一定の要件[5]を満たしたことにより、2013年からは徳之島と沖永良部島にも拡充しました。

(2)小規模校の多い鹿児島

(1)では学校数に着目してきましたが、ここでは1校当たりの子供の数について見ていきたいと思います。少子化により子供の数は減少しているものの、学校数は子供の減少幅ほどは減っていないので1校当たりの児童生徒数は県全体で見ると減少傾向にあり、小規模化しています。

実情がどうなっているかを示したのが図2-4になります。ここから明らかなように、文部科学省が示した適正規模より小さい学校、すなわち小学校で1学年平均2学級未満の学校(1~11学級)は390校(全体の74.1%)、中学校で1学年あたり4学級に満たない学校(1~11学級)は176校(全体の78.2%)に上ります。

一般的には、小規模校の方が教師と児童生徒との距離は近く、理解度に応じたきめ細やかな指導ができる、授業や運動会などで皆の前で発表したり、演技したりするなど、一人一人が主役になる機会に恵まれる、といった少人数ならではのメリットがある一方で、人間関係が固定化し、子供たちが切磋琢磨したり多様な意見に触れる機会に乏しくなるなどのデメリットもあると言われています。また、教職員の配置数も小規模校では限られるため、個人の力量に大きく依存することも指摘されているところです。[6]

しかし、私が鹿児島で直接目にした小規模校の実態は少し違うように思います。目の前の子供たちが力を付けるために、一生懸命取り組んでいる教職員の姿や、地域の方々が教職員の手の届かないところをフォローし、側面支援している様子を何度も目にしました。子供同士で切磋琢磨する機会は確かに限られているかもしれませんが、地域総出で運動会に参画し、子供たちを盛り上げたり、小・中学校合同で学校行事を行ったり、縦割りの活動を教育課程に効果的に位置付けたりと、知恵と工夫で規模の大きい学校に負けずとも劣らぬ学校運営をされている学校が数多く見られました。むしろ鹿児島において課題なのは、中規模以上の学校で子供たちの力を十分伸ばし切れていないことなのです。この点は第３章に譲りたいと思います。

図２－４　学級規模別に見た鹿児島県下の学校
（2015年５月１日現在）

学級数	1～2	3～5	6～11	12～18	19～30	31～42	計
小学校	17	210	163	78	50	8	526
中学校	34	81	61	32	17	0	225

（出典）南北600キロの教育～へき地・複式教育の手引き（2016年３月）

4　文部省初等中等教育局特殊教育課「訪問指導事例集」（昭和53年2月）より。

5　複数名の対象生徒の入学希望があることや、受け入れる島において特別支援教育支援員の配置のための協力が得られること、島内に就労訓練の場が確保されること、高校生徒の交流が図られることを実施要件としている。

6　小規模校のメリット・デメリットについては「公立小学校・中学校の適正規模・適正配置等に関する手引～少子化に対応した活力ある学校づくりに向けて～」（平成27年1月文部科学省）に詳しく記載されている。

ところが、小規模校の中でも一学年一学級が編制できない規模の複式学級となると事情は異なります。鹿児島には複式学級数が全国トップクラスなのです。2つの学年の授業を同じ教室の中で同時並行で行う複式学級では、教員の事前準備にかかる負担が倍になるため、さまざまな技量が問われることになります。

教室に一人しかいない教師が、教室内の2学年の間を行き来します。専門的には、教師が一方の学年に張り付いて指導することを「直接指導」、もう一方を「間接指導」と呼びます。教師が張り付いていない方は「指導」とは言えないのではないか、と思われる方もいるかもしれませんが、あらかじめ授業の進め方について教師から指導を受けた子供が授業をリードしながら、子供だけで学習を進めていきます（「ガイド学習」という）。そして、教師は片方の学年からもう片方へと同一授業中に「わたり」ながら、指導を進めていきます。この職人芸のような動きを見ていると、鹿児島の教師の指導力の高さに感銘を覚えます。

複式学級のある学校が多数あることから、県総合教育センターでは希望者向けに複式学級の講座（「自ら学び自ら考える複式学習指導講座」など）を開講しています。県域の広い鹿児島ならではですが、鹿児島市内にある同センターで研修を開講した場合、離島やへき地の先生方は学校を簡単には留守にできず、参加をためらってしまうため、「移動講座」という取組を行っています。これは、センターの職員が、各地区でニーズの高い講座を、離島も含めた各地区に出向いて実施するもので、遠方で勤務する教員にとっては大変ありがたい仕組みです。その中でも複式学級の講座はニーズの最も高い講座の一つです。また、鹿児島大学教育学部附属小学校では、人為的に複式学級を設け、指導法等の研究を行っています。

図2-5　鹿児島県内の複式学級を有する学校の状況（2015年5月1日現在）

	学校数	学級数
小学校	243	518
中学校	31	31

（出典）南北600キロの教育～へき地・複式教育の手引き（2016年３月）

同小学校では、「複式学級の指導を語る会」という研究会を立ち上げています。私も傍聴させていただきましたが、県内各地の複式学級を担当する教員らと共に、複式学級の指導法について悩みを共有し、附属小での研究実践について熱心に議論を行っていました。

今後はさまざまな工夫事例や附属小学校の知見、研究会での成果を全国にも発信し、全国で複式学級の指導法に悩んでおられる先生方に届けていくことが複式の多い鹿児島には求められると思います。

とはいえ各市町村、各学校としては、児童生徒数を少しでも増やし、複式学級を解消し、学校や地域を活性化させたいという思いを持っています。そのため、県内では山村留学や特認校制度を導入している学校が少なからずあります。特に、山村留学については第５章で詳しく見ていくことにします。

研究会で複式指導について熱心に議論する先生方

（３）教員数と年齢構成

次に教員について見ていくことにしましょう。多くの都道府県では大量退職・大量採用の時期を迎えており、経験の浅い若手教員が急増し、年齢構成や経験年数のバランスがいびつになることが大きな課題となっています。鹿児島の実態はどうでしょうか。

公立の教員数については、小学校は７，０１９人、中学校は３，９２３人、高等学校は３，００２人、特別支援学校は１，１５８人、合わせると１５，１０２人となります。これに事務職員数を合算すると約1万6千人程度に上ります。

これらの教員を年齢構成別に並べたのが図２‐６です。鹿児島では都市部のような「逆三角形型」ではなく、真ん中がふくらみ50歳代後半と若手教員が少ない「壺型」の分布となっています。平均年齢は40代前半です。最も多い年齢層は小学校では40代後半、中学校、高等学校、特別支援学校はいずれも40代前半で、逆に最も少ないのはいずれの校種も20歳代前半だということがわかります。

鹿児島ではここ数十年の間、児童生徒数の増に伴う学校数の増がなかったこと、計画的に採用数を抑制していたことなどから、大量退職による年齢構成の不均衡は発生していないのです。つまり、退職者数が多くないため、新規採用もおのずと抑制傾向となり、２０１５年度の教員採用試験の倍率は約11倍と全国一狭き門でした。年齢構成が異なるとはいえ、鹿児島においてもベテラン教員から若手教員への指導法やさまざまな経験を始めとした「知の継承」を円滑に行っていくことが必要です。

図２‐６　教員の校種別、年齢層別割合（%）
（2015年５月１日現在）

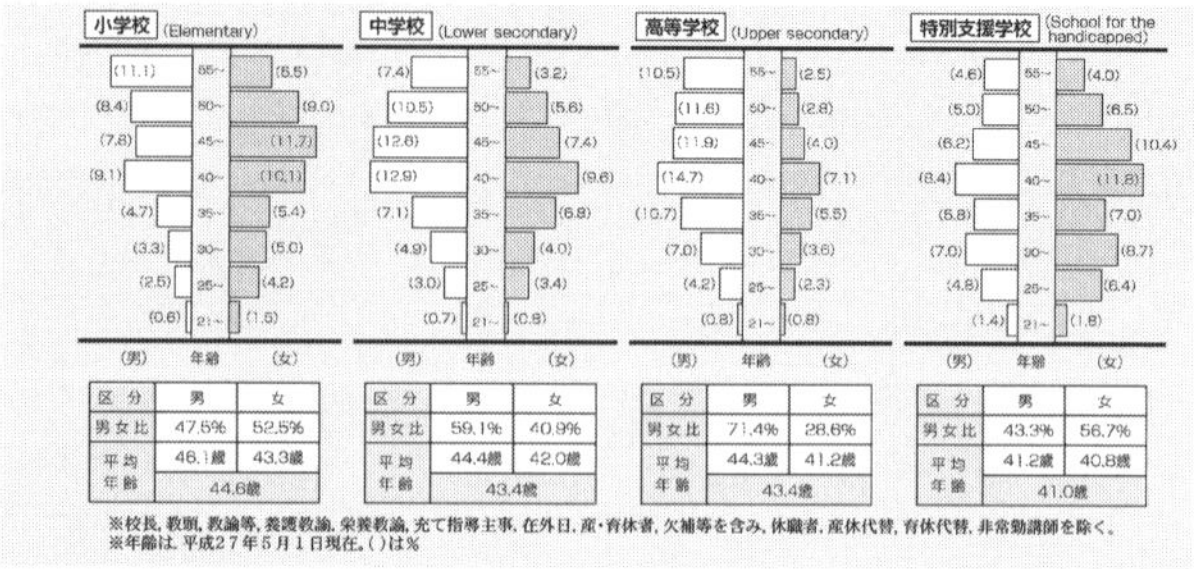

（出典）2015年度「鹿児島県の教育」（リーフレット）

（４）学校教育の支援体制

これまでは学校教育の主役である子供、子供を受け入れる学校について見てきましたが、次に教育行政を担当する職員について概観してみましょう。図２‐７は県内の学校教育の全体像を示したものです。

小・中学校の教職員数、合計約1万2千人を支える行政の体制は、県教委の義務教育課が31人（そのうち小・中学校を担当している指導主事は16人）、県の出先機関である教育事務所は7か所あり、学校教育を担当している指導主事（学校教育の専門家）は合わせて19人、市教委で学校教育を担当している指導主事は１５０人です。このほか教員の研修等を行っている県総合教育センターに約50人の職員が配置されています。

ここで取り上げた職員はいわゆる「指導系」の部署に所属する職員になります。教育委員会の仕事は「管理系」と「指導系」に大別され、前者は、学校運営を支援する部署、例えば教職員の人事や学校施設、総務的な業務などが該当します。一方、後者は、教育の中身について支援する部署が該当します。私の在籍していた義務教育課も指導系です。

図２‐７　鹿児島県の学校教育の支援体制

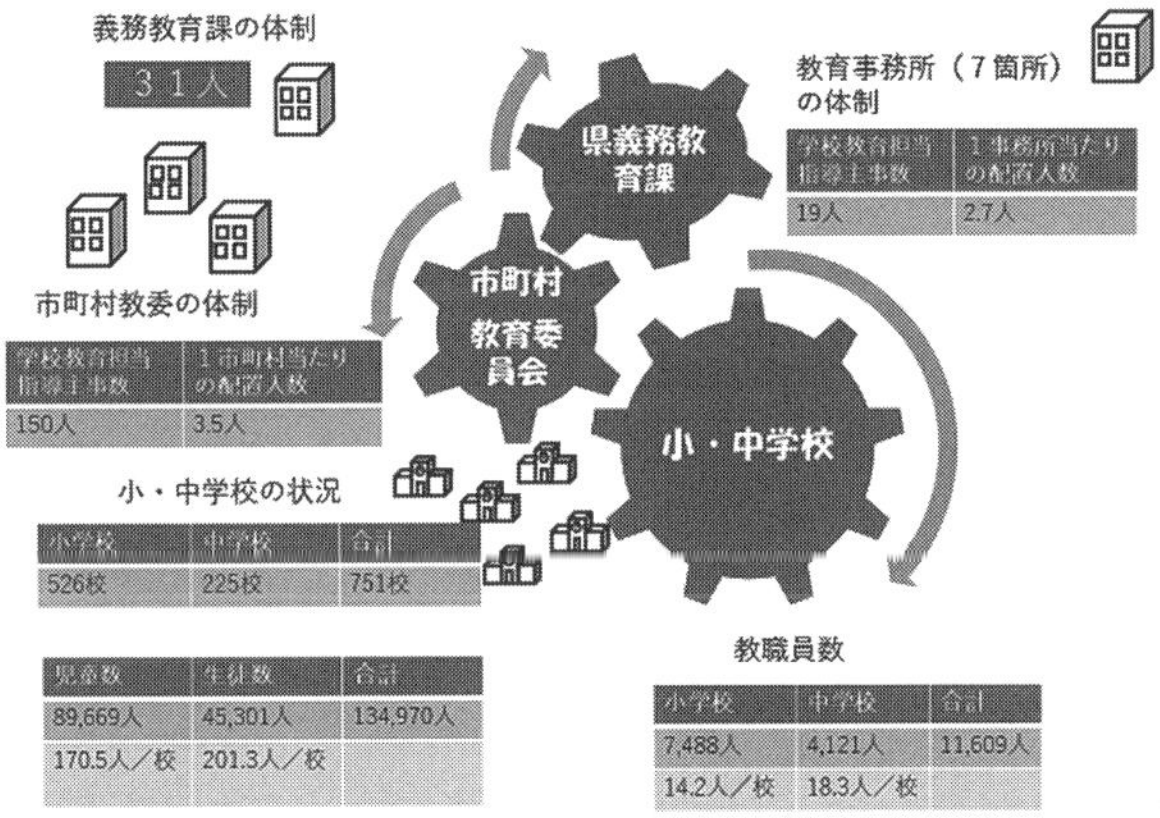

学校教育担当指導主事数	1事務所当たりの配置人数
19人	2.7人

学校教育担当指導主事数	1市町村当たりの配置人数
150人	3.5人

小学校	中学校	合計
526校	225校	751校

児童数	生徒数	合計
89,669人	45,301人	134,970人
170.5人／校	201.3人／校	

小学校	中学校	合計
7,488人	4,121人	11,609人
14.2人／校	18.3人／校	

（出典）県教育委員会提供資料より筆者作成

県教委は、県全体の教育に目を配りながら、施策を推進していますが、各学校の教育そのものに責任を有しているのは一義的には設置者である市教委です。先ほど、１５０人配置されていると述べましたが、これを43市町村で割ると1市町村当たりの配置人数は3．5人です。しかし、実際には、指導主事が一名しか配置されていない自治体が18（全て町村）あり、学校現場を支援する体制の厳しい教育委員会が多いことがわかります。

県内では、このように教育委員会内に指導主事が一人しか配置されていないことを「一人指導主事」と呼んでいますが、一人で教育委員会内の指導行政を切り盛りするのは容易ではありません。県からの調査や照会への対応、市町村教委独自で行っている調査等の事務、保護者からの問い合わせ対応、学校からの相談業務、研究指定校への指導助言、定期的な学校訪問、学校で突発事案が発生したときの対応等々、体がいくつあっても足りない業務をこなさなくてはならず、新たな施策を検討したり、既存の事業を見直したりする余力はほとんど残されていないといってよいでしょう。だからこそ、各市町村には極めて優秀な教員が指導主事に抜擢され、仕事を的確にこなしているのです。私が学校訪問する際には各地域の指導主事がてきぱきと対応され、地域の様子、学校の雰囲気、教育委員会の取組などを道中、丁寧に説明していただくなど、〇〇町と言えば△△指導主事、と名前を諳んじることができるほど多くの印象に残る優秀な指導主事と仕事でご一緒しました。

本庁、教育事務所が連携するのはもちろんのこと、県の方針を現場の最前線にいるこのような指導主事にしっかりと伝え、同じベクトルで教育行政を進めていくことこそが一番の近道なのです。

（５）独特の教員の人事異動システム

最後に教員の人事異動システムについてご紹介し、この章を締めくくることにします。
鹿児島は南北６００キロに及ぶ広域県、しかも多くの離島を含む県土故に長年、教員人事は懸案事項であり続け、今でも県教委の担当部署は人事異動関係業務に相当な時間と労力を費やしています（義務教育課では教員人事は担当していない）。

それでは、教員人事を巡る歴史的経緯を簡単に見ていくことにしましょう。

戦後から１９７０年代まで、鹿児島では教員本人の希望を尊重しながら人事を行っていました。しかしながら、地域によっては人事が停滞したり、希望者が集まらない地域が存在したりと、次第に人事が上手く回らず安定的とはいえない状況が顕在化していきます。

また、これまで説明してきたように、１９７０年代以降の大量の人口流出による学校の小規模化、またその後の統廃合による教員の定員減、それと連動し、学校数減の大きかった中学校で生じた教員の過員（実員が定数を超過した状態）など、問題は複雑化する一途を辿ります。もはや本人の希望だけを頼りに人事を行うことは不可能であり、人事システムの刷新が待ったなしの状況となりました。

そこで考案された仕組みが「人事異動の標準」です。１９７３年に文部省（当時）から県教育長に就任した山中昌裕氏が辣腕を振るい、教職員組合と粘り強く調整し作成した人事異動のルールにより、人事を巡る長年の混乱に終止符が打たれました。この「人事異動の標準」が県の教育に与えたインパクトは相当なものだったようで、私自身、在任中、教育関係者の口から山中氏の名前とその功績を聞くことがしばしばありました。

「人事異動の標準」は大きく以下の項目からなります。

> 小中学校の場合は、へき地の関係から
> ①13地区に分け、3地区を経験することとし、その間2回以上のへき地経験を持つこと。
> ②同一校での勤務年数は6年とする。
> ③同一市町村の継続勤務年数は最高14年とした。
> また、新規採用者については、研修の便を考慮して、相当規模校に配置し、任期を4年とした。
> (出典)『鹿児島県史・第6巻』P569~570

ポイントは①に集約されています。すなわち、広域異動が明文化されただけでなく、へき地への赴任経験も必須となりました。また、③のとおり、継続勤務年数も14年と定められ、人事の停滞を打破することがシステム化されました。

この全国に例のない、鹿児島モデルともいうべき離島やへき地を含めた広域異動の仕組みについては、県外の方にご紹介するとかなり驚きをもって受け止められます。例えるならば、東京から大阪の学校に異動した後、首都圏に戻り、その次には青森の学校に赴任するような広範囲の異動を鹿児島ではごく普通の先生が経験していることにほかなりません。

この荒療治の結果、長期間同一校に勤務する教員が激減し、へき地と非へき地との異動が活発化し、学校現場も活性化しました。教員人事が円滑に回ると、県内の学校教育にも好循環が生まれます。このように一つ一つ課題を解決しながら鹿児島の教育は着実に歩みを進めていくことになります。

鹿児島県公立小・中学校教職員人事異動の標準（抜粋）（平成22年7月16日）

2　異動の原則

（1）勤務地区は、別表1の8地区3ブロックとし、在任期間中に、AからCまでの各ブロックをそれぞれ1回以上経験するものとする。ただし、校種、教科及び職種によっては、Cブロックについては2回以上経験するものとする。

（略）

（4）同一市町村における継続した勤務年数は、最高14年とする。

「人事異動の標準」は、現在に至るまで、鹿児島県の教員の人事異動の基本ルールを定めたものとして、脈々と受け継がれています。直近では２０１０年に、地区割りを3地区に大括り化するなどの改正がなされていますが、根本の精神は変更されていません。各ブロックを1回以上経験することを原則としつつ、校種や教科によってはCブロックを2回以上経験する可能性もあり、弾力的な記載となっています。

ここで、具体的なイメージを持っていただくために、鹿児島の現役教員である植田秀樹先生と鶴長隆盛先生の、採用後から現在までの経歴を見てみましょう。

まず、植田先生のキャリアパスですが、植田先生は宮崎県との県境にある志布志市（当時は志布志町）の小学校で勤務された後、薩摩半島の南端の指宿市に異動されます。その次は行政に移られ鹿児島の北端の長島町教育委員会（当時は東町教育委員会）へ。4年間の行政経験を積まれた後、薩摩川内市の甑島の小学校にて初の離島勤務を経験されます。そして鹿児島市内での小学校勤務を経て、現在は市教委で勤務されています。

このうちAブロックは2校目の指宿市と4校目（5番目の勤務先）の鹿児島市、Bブロックは1校目の志布志市、Cブロックは薩摩川内市（甑島）であり、A、B、Cの全ブロックを勤務されていることがわかります。なお、薩摩川内市は離島以外はAブロックですが、植田先生の勤務校の甑島はCブロックに位置付けられています。このほか③の東町及び長島町と⑥の市教委は行政での勤務ですが、「人事異動の標準」は学校における勤務地のルールのため行政経験についてはノーカウントとなっています。

次に鶴長先生のキャリアパスを見てみましょう。鶴長先生は、初任校である霧島市（当時は国分市）の中学校で教職人生をスタートし、2校目は鹿児島市（当時は桜島町）、3校目は阿久根市、4校目は十島村、そして現在の勤務校である出水市と計5校で勤務経験を積んでおられます。

このうち、Aブロックは1校目の霧島市と2校目の鹿児島市、Bブロックは阿久根市と出水市、そしてCブロックは離島である十島村となっており、現在までにA、B、Cの全てのブロックを経験されて

植田先生（小学校籍）のこれまでのキャリアパス

①志布志市立小学校【4年勤務】
②指宿市立小学校【6年勤務】
③旧東町教育委員会【1年勤務】
長島町教育委員会【3年勤務】
※東町と長島町の合併による
④薩摩川内市立小学校【3年勤務】
⑤鹿児島市立小学校【5年勤務】
⑥鹿児島市教育委員会【1年目】

鶴長先生（中学校籍）のこれまでのキャリアパス

①霧島市立中学校【4年勤務】
②鹿児島市立中学校【6年勤務】
③阿久根市立中学校【5年勤務】
④十島村立中学校【3年勤務】
④出水市立中学校【4年目】

います。

植田先生と鶴長先生の勤務校ならびに勤務地の位置関係を示したものが図２・８と図２・９です。ご覧のとおり、南北に勤務地を大きく変えながら、異動している様子がよくわかるのではないかと思います。

鶴長先生は、阿久根市から南に３００キロ離れた十島村の学校へと異動され、さらに十島村の勤務を終えた後、北に３００キロ離れた出水市で現在、勤務されています。

お二人のキャリアパスはほんの一例にすぎませんが、鹿児島ではどの教員も市町村を超えて勤務地を転々としながらキャリアパスを積み上げ、教職人生をステップアップされています。

当然ながら、広域の異動を伴うため私生活も大きな影響を受けます。子供がいる教員は子供の教育のこと、夫婦同伴か単身赴任かといった家庭生活のこと、親の介護のこと、家のことなど、いろいろな不安もあるでしょう。それでも鹿児島で教員をしたい、鹿児島の子供のために尽くしたいという熱い思いを持つ方々が現場で必死に子供たちに向き合い、日夜汗を流しているのです。

図２－８　植田先生の勤務地の位置関係

図２－９　鶴長先生の勤務校の位置関係

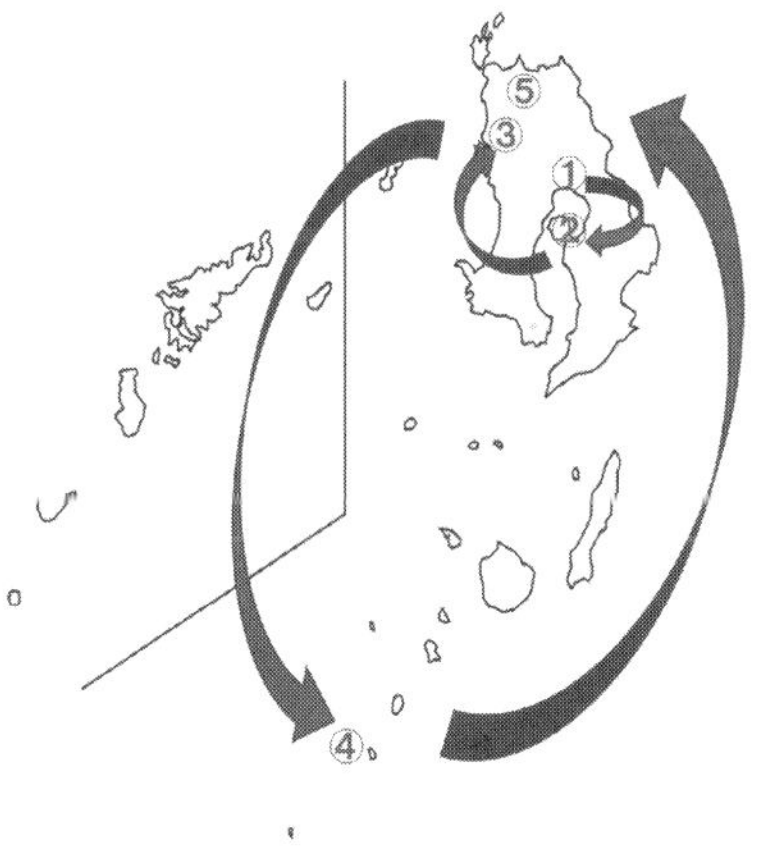

最後に、広域県ということを義務教育課時代に痛切に感じたのが、県教委主催の行事の実施の可否の判断です。先生方の研修会しかり、子供たちを集めるイベントしかり。電車が遅延するというレベルではなく、台風が接近すると離島からの飛行機や船は完全に止まり、移動手段が失われます。与論島に出張した指導主事が、出張の最中に台風が直撃したため1週間、島に缶詰めになり県庁に戻れなかったこともありました。

台風が本土を直撃した場合だけでなく、奄美群島を台風がかすめた場合も行事運営に大きく影響します。そのため、常にインターネットで台風の進路を確認し、その進路上に県内の離島が含まれていないかシミュレーションを行います。

私が経験した中で最も不安を抱えながら実施した事業は2015年8月上旬に行ったイングリッシュキャンプです。県内の子供たちを鹿児島市内の県立青少年研修センターに集めて行ったイベントですが、義務教育課の事業で県下全域から子供たちを集めて行ったのは初めてのことでした。また、実施時期が台風接近のリスクの極めて高い8月ということもあって、いくつものケースを想定しながら慎重に準備を行い、当日を迎えるまでは本当に胃の痛くなる日々を過ごしました。幸いにして天気に恵まれ大過なく終えることができましたが、このようなリスクと常に隣り合わせであることも鹿児島で行政を行う上での留意点といえるでしょう。

コラム

鹿児島県民のスーパーヒーロー西郷さん

鹿児島県といえば、何を連想するでしょうか？　桜島、焼酎、温泉……こうした中に必ずといっていいほど登場するのは「西郷さん」。そうです、鹿児島が生んだスーパーヒーロー西郷隆盛です。鹿児島県民は今でも西郷さんをこよなく愛しているのです。

どれだけ愛が深いかは、鹿児島市内を散策するだけで、あちらこちらに西郷さんが息づいていることからもわかります。一番わかりやすい例が西郷さんの愛称である「南洲」を冠した会社名の多さでしょうか。ホテル、バス、タクシー、旅行会社、建設会社……。他県ではまず例がないでしょう。そして県内各地に足跡を残した西郷さん。西郷さんの銅像や墓地、西郷さんが愛した温泉はもちろんのこと農作業で用いたナタ、手を洗った手水鉢、さらには腰をかけたとされる石までも西郷さんゆかりの地として観光スポットになっています。

議会では西郷さんの遺訓を学校教育で扱ってほしい、という質問が取り上げられたこともありました。

そして来年（2018年）には大河ドラマでも取り上げられるとあって鹿児島はかつてないほどの西郷さんブームに沸いています。鹿児島にお立ち寄りの際にはぜひ、西郷さんの息吹を感じ取ってみてください。

第3章 学力向上策のＰＤＣＡサイクルの確立

（1）鹿児島県の学力の現状

この章では、県教委の最重要課題ともいうべき県の学力の課題とその解決に向けた取組について順を追って詳細に見ていきます。

図3・1は、全国学力・学習状況調査[1]（以下「学力調査」）の鹿児島県の各教科別の結果（過去5回分）を示したものです。この図では、真ん中の線が全国平均の通過率を表しており、真ん中より上方が全国平均を上回っていることを、真ん中より下方が下回っていることを表しています。国語、算数・数学にはAとBの記載があるように2種類の問題が出題されています。それぞれ観点が異なり、「A問題」は主として知識を問う問題、「B問題」は主として知識の活用力を問う問題です。この図を見て明らかなのは、小学校は全国平均を上回っている科目と下回っている科目があること、中学校は全科目で全国平均を下回っていることです。中学校については、全国平均を上回っているのは２００９年度の国語Bのみ。つまり、鹿児島県は、小学校より中学校が苦戦していることがわかります。

調査結果やマスコミ報道される全国順位に一喜一憂することは避けなくてはなりません。しかし、鹿児島の子供たちの学力の実態は決して課題なしとはいえず、楽観視することはできません。国が毎年実施している学力調査の結果の変動が大きければ、その年の結果がたまたま悪かっただけ、と説明することもできるでしょうが、実際には、秋田県や福井県など一部の県が学力上位県として定位置につけている一方で、下位の県も大きな変動がありません。鹿児島県の場合、小学校はおおむね中位付近で推移していますが、中学校になると毎年、下位集団に甘んじている状況です。この結果を見ると、やはり鹿児島の教育に何らかの課題があると考えた方が自然です。現状から目をそらさず、課題を地道に克服していくことが行政に求められていると考え、着任以来、学力向上を最懸案事項に掲げ、改革に着手することにしたのです。

特に、県教委を数年来悩ませてきたのが、小学校から中学校にあがるにつれ、結果が悪化している点です。この原因はいったい何なのか。なぜ中学校に課題があるのか。義務教育課の同僚と何十時間、何百時間と議論を重ね、教育関係者、民間企業等の多くの方からのヒアリングを繰り返し、自分の目で現場を見て、その原因を探ることにしました。

図３－１　全国学力・学習状況調査の推移

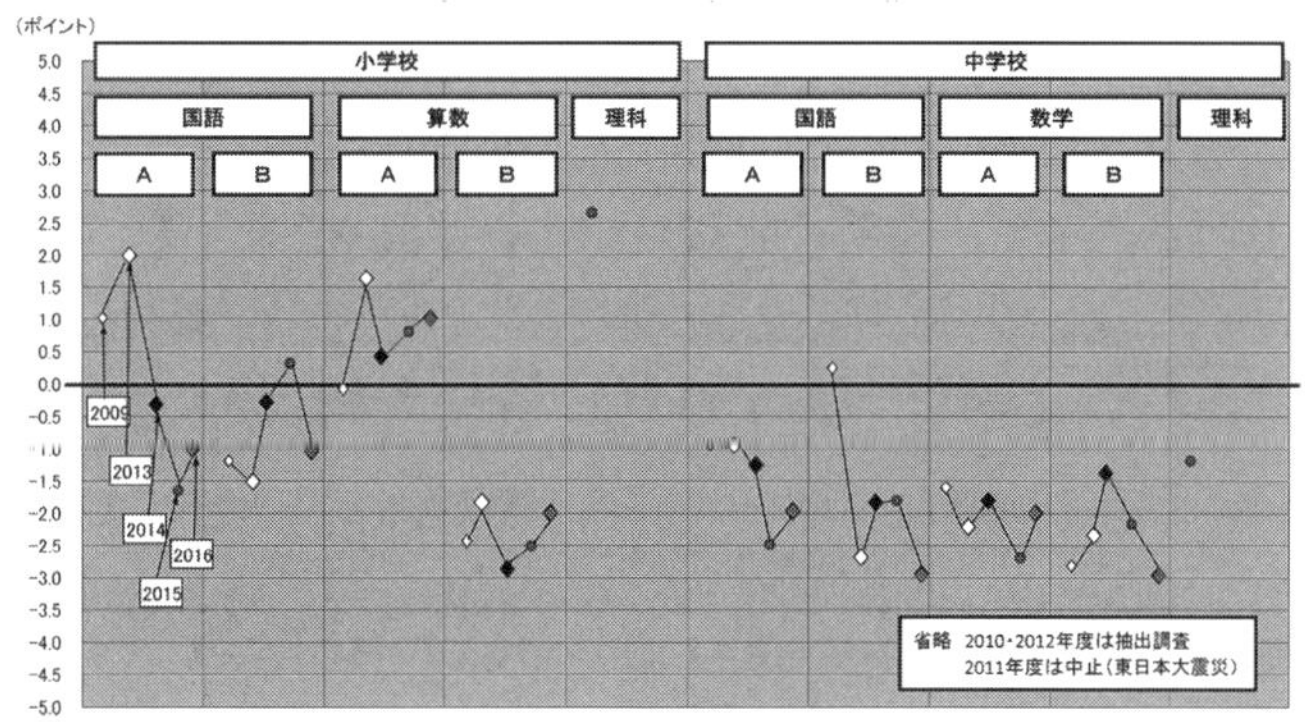

（出典）鹿児島県教育委員会公表資料より筆者作成

1　文部科学省が全国的な児童生徒の学力や学習状況を把握し、教育施策の改善に生かすために、全国の全ての公立の小学校６年生と中学校３年生の児童生徒を対象に実施している調査。２００７年度から実施。

(2) 学校訪問で課題を把握する

学校現場には頻繁に足を運ぶようにしました。学校の雰囲気、子供たちの勉強に向き合う様子、教員の授業、管理職の意識の持ち方、県の施策の認知度など、県庁の建物にいては決して感じることのできない現場の実態をつかむためです。

義務教育課の指導主事からは、県の義務教育課長が訪問するということは、私が考えている以上に学校の教職員や市教委にとって、大変名誉なことだ、とよく聞かされました。それを如実に表す事例をご紹介しましょう。学校訪問時に配布された学校要覧を拝見していたときのことです。学校要覧には、「学校の沿革」という項目があり、一般的には、学校の創立年や、県や市町村の研究指定、校舎の建て替えといった、過去の主要な出来事が記載されています。あるとき、校長先生の説明を聞きながら、「学校の沿革」欄を見ていると、「県教育委員会義務教育課長訪問」という表記が目に飛び込んできました。県教委に戻り別の学校の学校要覧にも目を通してみると、県教委の他課の課長の訪問についても同様に記載していた学校も見つかりました。指導主事が言っていたことは決して大げさなことではなかったのだと、そのとき、得心がいきました。

このように学校にとって、県教委の、しかも課長が直接訪問するということは、学校の歴史に名を刻むくらいの一大事だということを心に留めながら学校を訪問しました。私たちの訪問を快く受け入れてくださった学校や教育委員会に感謝しつつも、漫然と訪問したのでは意味がないので、見るべきポイントを自分なりに整理していきました。枠囲いで示した観点は当初から自分の中に明確にあったものではなく、同僚から随時教えてもらった点や学校訪問を重ねる中で、いい雰囲気の学校と、課題がある学校の違いを比較検討してみて気付いた点を経験則で加えたものです。

また、学校訪問時には、県内の他地域の参考となるようなベストプラクティスがないかを探しながら学校から配布される資料に目を通し、授業を見学していました。よい取組は、学校長が特色としてアピールしているケースもありますが、往々にして、当該学校の教職員にとっては当たり前だと思っている取組の中に、他校のモデルになるようなものが隠されていることがあります。ですから、宝探しをするような気持ちで学校を訪問させていただき、偶然発見したときには、素晴らしさを褒め、研修会などで事例紹介するよう心掛けていました。

学校訪問の話に戻りますが、まず、私たちの学校訪問では通常、冒頭に校長から学校経営説明を受けます。その中で、校長自身が学校全体の状況をしっかり掌握し、課題を的確に捉え、進むべき方向性を示せているかなどに着目しています。その後、校長の説明に対する質疑や意見交換を行いますが、私が最も注目していたのは校長の説明内容と教頭の動きです。

校長が学校経営を戦略的に行う上で、子供たちの実態、教職員の状況、地域との関係等を踏まえるこ

〈学校訪問で重点的にチェックしていた主なポイント〉

【学校経営】
○校長が課題を的確に捉え学校経営方針に反映されているか
○学校経営方針が共通実践等に具現化されているか
○今年度の重点的な取組は総花的ではなくポイントを絞ったものになっているか
○校長と教頭のチームワークがよいか

【授業の様子】
○授業の冒頭で児童生徒が当該授業の見通しを立てられるようになっているか
○児童生徒は授業を聞く姿勢ができ、授業に集中できているか
○教師が児童生徒の反応を見ながら授業を展開しているか
○興味関心をかきたてる発問がなされているか
○ペア学習、グループ学習が効果的な場面で行われ能動的なものになっているか
○授業の最後に児童生徒が学習を振り返る時間が設けられているか

【学校の雰囲気】
○靴箱、廊下、教室内が整然としているか
○児童生徒の表情はどうか

とが大前提となります。学校の数だけ「学校経営」が存在します。校長の説明を聞くことで校長の力量が問われることになります。前年度までの課題を踏まえ、今年度、どこを見直し、どこに重点を置いているかについて的確に説明している校長がいる一方で、課題意識が明確でなく、取組を総花的に並べるだけに留まる校長も残念ながらおりますので、校長の力量を高めることは大変重要だと思います。

また、いくら校長が素晴らしいことを言っても、教頭や教務主任、生徒指導主任などの脇を固めるスタッフ陣が校長のビジョンを理解し、共有し、実現に向けて動かないと絵空事で終わってしまいます。校長が説明を行うとき、教頭がすかさず補足説明を加えたり、校長の説明に合わせて関係する資料を配ったり、てきぱきと動いている学校だと、校長と教頭の風通しのよさを感じます。こうした学校は、学校全体としてもまとまりがある場合が多いです。逆に校長が一方的に説明し、教頭がただメモを取るだけになっている学校、校長に促されないと教頭が動かない学校は黄色信号です。

授業を見る上でのポイントもいくつかあります。私は授業中、先生の様子だけでなく、子供たちにも注目するようにしています。子供が先生の発言に集中しているか、先生の問いに思考を巡らせているか、受け身になっていないかなどは、教師経験のない私でさえ、教室に入るとすぐわかるものです。

さらに、教室の後ろや廊下に並ぶランドセルやカバンがきちんと収納できているか、教室は整然としているか、なども学習する以前の問題として重要なポイントです。

もちろん授業の中身も極めて重要です。一般的には、授業の導入の部分は、子供たちにとって、この時間で何を学び、何ができるようになるのか見通しを持たせ、展開の部分は、教員が発問を効果的に投げかけながら、子供たちをゆさぶり、深く思考させるいわば授業の核の部分。授業の終末は、1時間で学んだこと、到達できたことをまとめるわけですが、子供たち自身が何を学んだかを自覚できていなければなりません。私は教員ではありませんし、教科の専門性もありません。ですが、自分が教室の子供の一人だとしたら、という視点で授業を聞くと、専門性はなくとも授業の良し悪しは見えてきます。

例えば、この時間で何を学べるか、何ができるようになるか冒頭でイメージが沸く授業になっているか、学びたくなるような授業か、教師が一方的に授業を進めるのではなく、子供に考える時間を与えているか、授業の途中でも手を挙げて質問しやすい雰囲気になっているか、これまでの学習とこの授業のつながりについての説明があるのか、など。

このような観点に照らして授業を見てみると、鹿児島の子供たちは、授業を聞く姿勢はおおむね良好で、落ち着いて授業を受けています。私のような部外者が教室の後ろに立っているときょろきょろして落ち着かない雰囲気になってもおかしくありませんが、そういった学校はほぼ皆無です。

廊下ですれ違うときや、休み時間に教室を通り過ぎるときには、大きな声で挨拶を交わしてくれます。教室や廊下なども掃除が行き届き、掲示物も整然と壁に貼られています。いわゆる「荒れている学校」は私が訪問した学校ではほとんど見かけることはありませんでした。このように外形上、課題が顕在化していないだけに、それだけ一層、学力向上に向けた対処は容易ではなく、地道な活動を愚直に取り組むしかないだろうと考えるようになりました。

一方、管理職の力量や授業そのもの（特に中学校）については、まだまだ改善の余地はある、と感じました。ですから、以下で説明するように、管理職と学力向上の課題を共有し、学校経営の柱に位置付け各校で具体的に取り組んでもらうことはもちろんのこと、教師に対しても、授業の質を高めるよう不断の授業改善をするような施策展開を心掛けました。

（３）鹿児島県の学力向上対策を俯瞰する

それでは、具体的に県教委の学力向上に向けた取組を見ていきましょう。図３－２は２０１４年度の鹿児島県の学力向上施策の全体像を示したものです。２０１３年ごろから、義務教育課では、学力向上策を有機的につなげ施策の検証をしながら、改善充実をするＰＤＣＡサイクルに意識し始めました。

Check1の「鹿児島学習定着度調査」は、２００４年度に始まった県独自の学力調査です。小学５年生、中学1・2年生を対象に、小学校は国語、算数、理科、社会、中学生は、国語、数学、英語、理科、社会を出題し、学力調査よりも多くの教科の力を問うています。２００４～２０１２年度までは「基礎基本定着度調査」と呼んでいましたが、国の学力調査が２００７年度に始まり、知識を活用する力を問う問題が出題されてきたことから、２０１３年度に「鹿児島学習定着度調査」に衣替えし、各教科ともに約３割は活用の問題から出題するよう改善を図りました。

県独自の学力調査を実施する県は最近でこそ増えてきましたが、10年以上の歴史を持ち、しかも上記に挙げた4～5教科単位で実施している県はそう多くありません。「鹿児島学習定着度調査」の特徴をもう一つ挙げるとすれば、鹿児島の教員が直接問題作成を行っているという点です。鹿児島の子

図３－２　2014年度の学力向上施策のPDCAサイクル

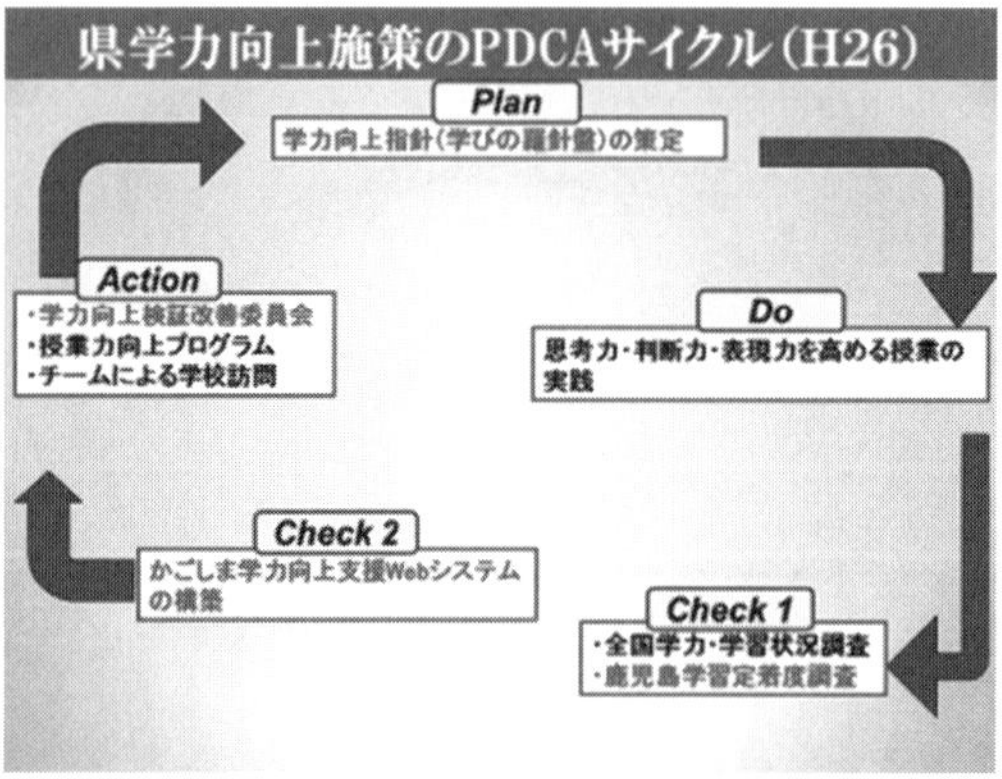

（出典）鹿児島県教育委員会提供資料より筆者作成

供の実態を誰よりも知る教員が、子供の顔を思い浮かべながら、思考・判断させる問題づくりを行うことで、授業力の向上も期待されるというわけです。

また、Actionに掲げた「授業力向上プログラム」は、主として中学校の教員に対し、授業公開の実施や校内研究授業の実施を促すとともに、教育事務所単位での教科研究会や中学校国語・数学の教員対象の指導力向上研修の実施を行うなど総合的な指導法改善施策です。

Planに当たる「学力向上指針（学びの羅針盤）」、Check2に記載した「かごしま学力向上支援Ｗｅｂシステム」、それからActionの「学力向上検証改善委員会」は私の前任者の在職当時に予算化した施策群で、２０１４年度に新たに立ち上がったものです。したがって、２０１４年度の最優先課題として、これらの施策を着実に実施する必要がありました。詳細は本章の（４）に譲ります。

さて、このＰＤＣＡサイクルの図。改めて見てみると「おやっ？」と思うことがありました。子供たちの日々の学びに直結するDo（授業実践）に当たる県教委の取組が「空白」になっているのです。一義的には、教師の日々の授業を見て、改善点について直接指導するのは、学校長や教務主任、各教科担当の教員などです。また、学校の設置者である市教委の教育長や指導主事等も学校を訪問した際に、授業を見て気付いたことがあればその都度、直接的に、または管理職を通じて間接的に助言します。設置者でない県が市町村教委を飛び越えて関与するのは大変難しい領域です。さらにいえば、県下の７００校を超える学校を網羅的に県が訪問し、個々の教員の授業について助言するのは物理的にも時間的にも不可能です。授業改善について県として何か手を打てないかについては要検討課題としました（詳細は本章（５）を参照）。

Doの部分に問題意識を持ったもう一つの理由は、私の小学生時代の「教師の授業力が子供を変えた」

実体験があったからです。小学校6年生のときに担任だった高木章先生の授業がまさに私を変えました。高木先生の授業はこれまで受けたどの授業とも異なるもので、教科書を単になぞるのではなく、教科書に記載された事柄の背景の説明（算数であればギリシアの数学者のエピソードなど）があり、法則を自分で導くにはどうすればよいか考えさせるものでした。同級生たちの授業を聞く姿勢も明らかに変わりました。あるとき、社会科の授業で高木先生はこのような質問を投げかけたことがありました。「正倉院の床下の高さは何メートルか調べてごらん」。皆で教科書や資料集、歴史の本を調べたところ2・5メートルと記載のもの、2・7メートルと書かれてあるものなど数値にばらつきが見られました。教科書や資料集の記載も疑ってかかれ、というメッセージだったのでしょう。さらに先生は「誰か実際に正倉院に行って調べてきたら」と続けます。気になった私は友人と2人でクラスを代表して調べに行くことにしました。兵庫県尼崎市の自宅から県外の奈良に子供だけで行くのは初めての経験でしたから、時刻表を調べ行程を入念に確認して準備しました。結論としては週末が休館日だということの確認が漏れており、入館できず、遠目から正倉院を眺めるだけという残念な思いをしましたが、探究することの面白さを教えてくれましたし、高木先生との出会いがなければ、教育の道に進むことはなかったに違いありません。

施策を検証し次なる展開につなげるActionの「学力向上検証改善委員会」は、学力向上策を外部の方の視点も踏まえ、検証し、改善するための会議体でしたが、県教委関係者の比率が高かったため、もう少し外に開かれた構成にすることが必要ではないかと感じました。

このように改善の余地のあるＰＤＣＡサイクルでしたので、２０１５年度の施策を検討する際に改めてじっくり考えてみることにしました。

（４）先進県から学んだことを鹿児島県にカスタマイズ

ここでは、先に述べた「かごしま学力向上支援Ｗｅｂシステム」や「学力向上指針（学びの羅針盤）」などの新規施策をどのような経緯で立ち上げ、どう設計したか少し掘り下げて見ていきましょう。

実は、私が鹿児島に来る直前の２０１３年度に、課の職員が私の前任者と共に学力先進県と呼ばれる県を視察し、そこで得られた情報を整理し、鹿児島の実態に合う施策を徹底的に検証したのがきっかけでした。

中でも職員が最も刺激を受けたのは秋田県でした。教科指導で卓越した力を発揮する教員を「教育専門監」に認定し、その教員が複数校を訪問し、担当教科の教員とチームティーチングを行い、指導力の向上を行う取組や「学力向上支援Ｗｅｂ」という専用のサイトを立ち上げ、理数の単元評価問題を県下に配信し、各学校に分析データを提供するという取組、各教科における言語活動を重視した指導資料の作成（「あきたのそこぢから」）などの取組が目を引きました。

これらに加え、現地を視察した指導主事が感銘を受けたことがありました。それは、県教委の示した授業を進める上での共通実践や県の各施策を市町村教委はじめ、学校長から教員に至るまで十分に理解していたことでした。インタビューを行った学校関係者は県の課題や施策をしっかり受け止め、意味づけを行い、授業に生かしていました。簡単なことのようで非常に難しい県下での共通理解。秋田県の学力向上の取組を肌で感じた松本遵指導主事をはじめとする職員が、私の在任中を通して、義務教育課で行った諸改革の推進役として大いに力を発揮してくれたのは幸いでした。

このように、「かごしま学力向上支援Ｗｅｂシステム」や「学力向上指針（学びの羅針盤）」は、秋田県の取組を大いに参考にして立ち上げたものなのです。

しかし、秋田県の施策をそのまま取り入れたのではありません。鹿児島県の教員に「これは使える！」と感じてもらい、活用してもらう工夫が必要でした。鹿児島の教員が日常的に使用するためには鹿児島のオリジナリティーを加え、カスタマイズする必要がありました。鹿児島の教育をよりよいものに変えていくためには、全ての教員の心に火を付けなければならないからです。

学力調査の対象は算数・数学と国語の2教科です。小学校は学級担任制で、担任が算数も国語も指導するため、校内で課題の共有を図りやすいですが、教科担任制の中学校になるとそうはいきません。鹿児島の課題はむしろ中学校にあるのです。私たちは数学と国語の教師以外は学力向上を自分ごととして捉えていないのではないかと考えました。

そこで、「Ｗｅｂシステム」の開発に当たっては、秋田県では数学と理科の2教科のところ、鹿児島では、国語、算数・数学、英語、理科、社会を対象としました（初年度は準備期間の関係で国語と算数・数学のみ）。より多くの先生方に使ってもらえるシステムにしたいとの思いからです。

教科が決まると、次に重要なのはコンテンツです。良問をそろえないと、現場の先生方は活用する必要性を感じてはくれません。ただし、措置された予算はシステムの構築費用とランニングコストのみ。コンテンツは手作りで行う道しか残されていません。

ここで力を発揮したのが、既に述べた「基礎基本定着度調査」及びその後継の「鹿児島学習定着度調査」で培った10年以上にわたる作問の経験と基盤です。独自の学力調査は他県でも行われていますが、多くの県では業者に問題作成を外注しています。経費がかかる分、問題作成や採点等の手間暇が省けるためです。

しかし、予算が潤沢にあるとはいえない鹿児島では、県内の教員を集めた問題作成委員会を毎年設置し、自前で問題を作成してきました。定期試験がなく市販のテスト問題を使用することが多く、問題作成の経験の少ない小学校教員も含め、多くの教員が作問に関わることで、着実に教員の作問能力は培われてきました。そこで、２０１４年度末のＷｅｂシステム稼働を見据え、各市町村教委の指導主事に作問を依頼し、義務教育課で集約し、問題を精選し、２０１５年１月に本格稼働につなげることができました。依頼した指導主事の中には過去に問題作成委員会委員として作問に携わり、今では各市町村で教育行政の推進役として力を発揮している方が少なからずいました。このことも問題づくりがスムーズに進んだ一因といえるでしょう。

図３－３と図３－４はＷｅｂシステムのイメージ図になります。当初は現場の隅々まで周知が広がらずもどかしい思いをしましたが、義務教育課や教育事務所をあげて周知を行い徐々に浸透していきました。特にＷｅｂシステムの活用については、各教育事務所がさまざまな工夫を凝らして周知に協力してくれました。例えば、大隅教育事務所では「今週の１問」という取組を行い、地区で課題のある単元を毎週Ｗｅｂシステム上で出題し、地区内の各学校はＷｅｂシステムに入力して、集計結果を事務所が提供するというものです。

この取組に着想を得て、県下全域でいわば「学期の１問」として、課題のある学習内容の解決とＷｅｂシステムの活用促進を同時並行

図３－３　かごしま学力向上支援Ｗｅｂシステムのメイン画面

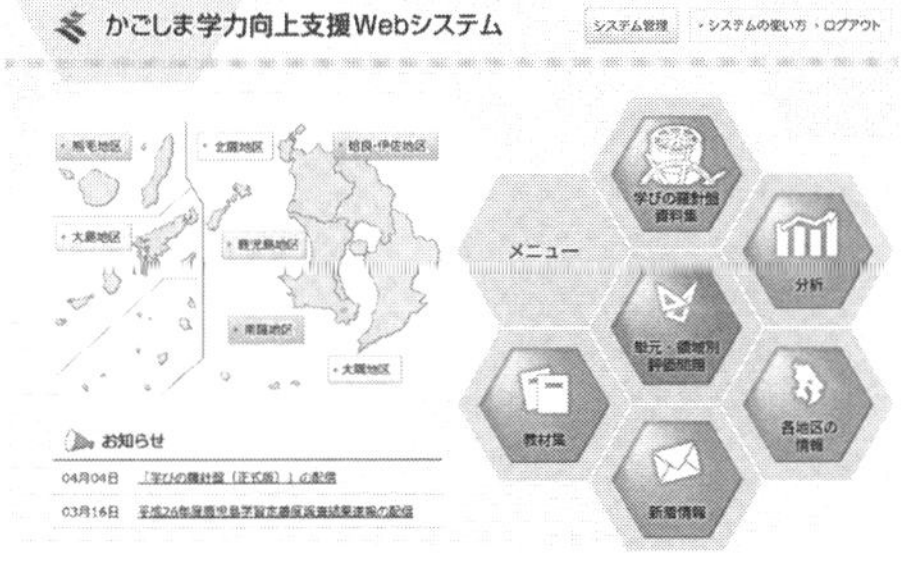

（出典）鹿児島県教育委員会提供資料

で進めることを決めました。具体の実施は私の離任後の２０１６年度からです。学力調査や鹿児島学習定着度調査の「思考・判断」で課題の継続する単元について、その定着度を測るために、学期に１回、県下で一斉にＷｅｂシステム上に掲載した問題に取り組む仕組みの導入です。その結果、Ｗｅｂシステムの入力割合は８割程度となり、多くの教員がその利便性や効果を感じたものと確信しています。

また、「学力向上指針（学びの羅針盤）」は、どの教員も、授業を行う上で共通して心掛けてもらいたいことを簡潔かつ平易な表現で記したバイブルのような手引書です。この中で、全ての教師に授業改善の視点を持ってもらいたいという思いから、「授業の基礎・基本」として７つのポイントを掲げたほか、国語や理科、体育、音楽など、全教科にわたって、思考力・判断力・表現力を育むための授業のポイントを明示することにしました。各教科とも分量は１ページのみ。義務教育課の指導主事が、現場の教員に一番伝えたいメッセージを１ページに収めて書き上げました。国語や数学などに教科を絞った手引書は他県にもありますが、全教科の授業改善のポイントを収録している例はほかになく、鹿児島のオリジナリティーが発揮できたと自負しているところです。

この「羅針盤」は２０１４年度末に完成し、全教職員に配布しました。もちろん、作成することが目

図３－４　かごしま学力向上支援Ｗｅｂシステムの分析結果画面

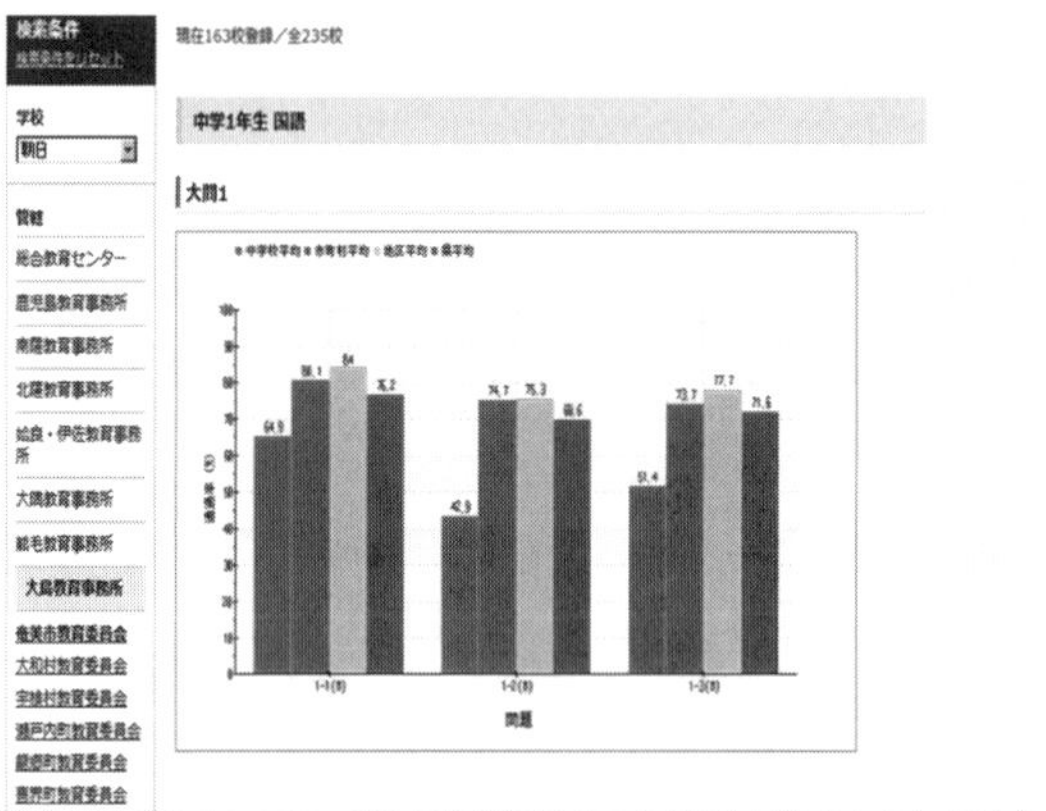

（出典）鹿児島県教育委員会提供資料

的ではなく、活用して授業改善に役立ててもらうことがゴールですから、私も学校訪問するたびに、羅針盤の積極的な活用を現場に促してきました。２０１５年度に羅針盤の活用状況について全小・中学校を対象にアンケート調査を行ったところ、「校内研修等で活用している」「学校の学力向上の指針や各教科の授業改善の視点として活用している」がそれぞれ約8割、「日頃の教材研究の時など、日常的に活用している」が約5～6割など高い利用状況が確認されました。各教員が常に机のそばに置き、授業改善で行き詰ったときに読み返したり、校内研修で活用したりして、授業を磨きあげてもらいたいと思います。

　冒頭に述べたように、本書で紹介する種々の施策は、私一人で成し遂げたわけではありません。私の前任者や前々任者、義務教育課に所属していた職員らが、現場との対話を繰り返しながら、課題に真摯に向き合い、周到に仕込んできた結果、私の在任中に花開いたものも数多くありました。1ポストの在職期間が2年ないし3年と短い行政組織では、このようなバトンリレーで前任者からのバトンをしっかりつなぐことで仕事が成り立っており、私も、自分の取組を後任に託して鹿児島を去りましたが、実を結ぶことを願うばかりです。

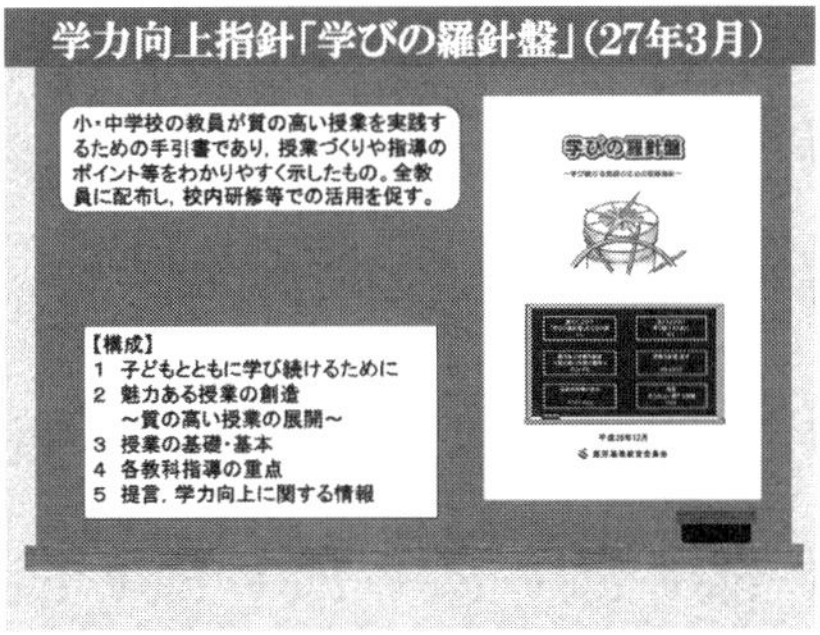

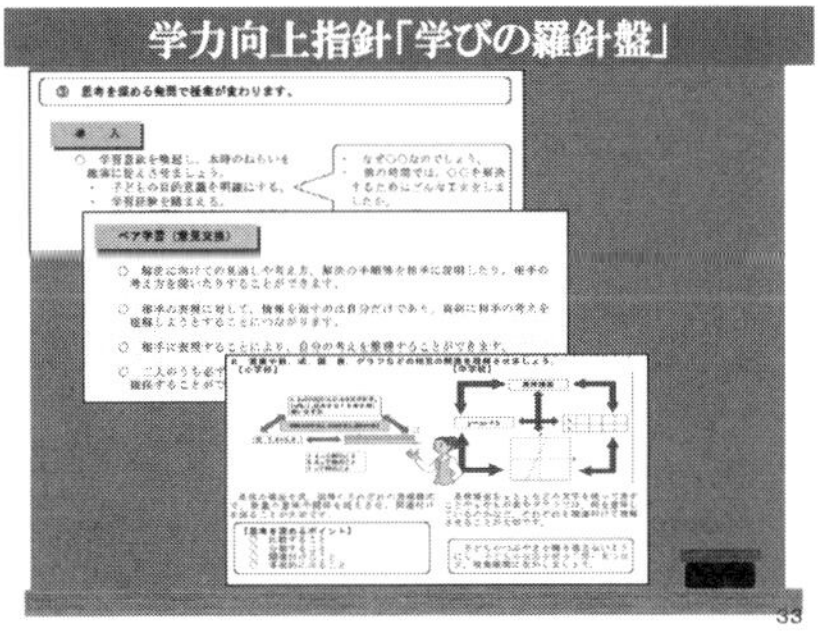

（５）「授業サポートプロジェクト」誕生秘話

ここでは、少し趣向を変えて、私の在任中に事業化した「授業サポートプロジェクト」について、その構想段階から事業化までの舞台裏をご紹介したいと思います。

①上司からの宿題

２０１４年７月のこと。ある打ち合わせの席上で当時の教育長から、「今の学力向上策はどの程度効果をあげているのか」「これで十分と考えているのか」「来年度以降、新たな手を打つ必要はないのか」と矢継ぎ早に質問を受け、私たちは返答に窮しました。

（４）で説明したとおり、２０１４年度は学力向上策の目玉として「かごしま学力向上支援Ｗｅｂシステム」と「学力向上指針（学びの羅針盤）」が立ち上がった直後。その当時は、これらの施策をどのようにして形にするかが課の最大の懸案であり、私たちは全精力を傾注していたのです。

そのような中にあってさらに新規事業を検討する必要があるのだろうか、という疑問と、その一方で、学校現場を訪問して得た感触として、本当にこの二事業だけで教員の授業をよりよいものへと変革することができるのか、子供たちの学力を伸ばし切れるといえるのか、という不安が相半ばしました。教育長と議論しているうちに、改善の余地のあるＰＤＣＡサイクルを充実させるための手立てがあるのではないか、という気がしてきたのです。その場では、「新たな施策が必要かどうか検討の時間をいただきたい」と引き取りました。

②原点に立ち返って鹿児島県の課題を思案する

教育長から出された宿題を課に持ち帰り、何度も打ち合わせを行いました。課の職員でアイデアを出し合いましたが、すぐによい案が出てくるわけもなく行き詰ってしまいました。学力向上については２００７年度に始まった国の学力調査が引き金となって、他県も競い合うように対策を講じており、先述のとおり鹿児島でも既に取り組みを進めている最中でした。

とはいえ、教育長の前で現状の取組だけで、自信を持って「子供たちの学力を引き上げられます」と言い切ることができませんでした。では、なぜ、なかなか学力の向上を実感できないのか、何となく沈滞した雰囲気が現場に蔓延しているのか、中学校の課題がなぜ解消されないのか、そのために何から手を打てばよいのか、自問自答を繰り返しました。やはり、こういうときは原点に立ち返ることが一番です。そのため、現場の課題を今一度考えてみることにしました。

そうしているうちに、これまで、先生方と直接お話をする中でよく耳にしてきた言葉を思い出しました。「思考力、判断力、表現力を高める授業に変えていかなくてはならないのは理解できているが、実際に自分の授業をどう変えればよいのだろうか」「行政の指導は抽象的すぎて、具体的にどこをどう修正すればよいのか」「（校長としても）教員の授業が現状のままでよいとは思っていないのだが、どのようにアドバイスすればよいのか」

「これだ！」と感じました。その教科の専門家が教員の抱える課題を聞き取り、授業を見た上で、直接、授業者たる教員に助言をする。これが一番効果的ではないかと考えたわけです。しかも、その教科を専門とし、指導力に定評のある指導主事からのアドバイスであれば、より効果を高めることにつながるはずです。学校現場に限らず、会社などの組織であっても、尊敬できる人や一目も二目も置いている人からの助言であれば、素直に受け入れられやすいでしょうから。

③学校訪問から着想を得る

そこで、私が着目したのは、学校訪問の在り方でした。義務教育課では、私が着任した２０１４年度には1学期に学力向上の視点からの学校訪問を約20校、2学期は生徒指導の視点からの学校訪問を約20校、合わせて約40校を訪問していました。義務教育課による学校訪問の歴史は意外と浅く、実施するようになったのは、10年ほど前から。他県の出向者などに聞くと、学校訪問は出先機関である教育事務所に任せ、県教委本庁は「デスクワーク中心」のところが少なくなく、鹿児島は、義務教育課が積極的に現場との接点を持っている方だといえます。

それでは、学校訪問はどのような流れで進められているのか説明しましょう。学校訪問はおおむね以下のとおりで進められています。もちろん訪問校の都合によって訪問時間が伸びたり短縮されたりすることがありますので、あくまでも一例にすぎません。

【義務教育課による学校訪問の流れ（イメージ）】
① 校長による学校経営説明と質疑（30分）
② 授業参観（40分）
③ 管理職との意見交換と義務教育課による指導助言（20分）

県教委の職員が直接、現場を訪問することはとてもよいことだと考えています。現場に直接足を運び、課題を把握することが施策を立案する上で極めて重要だからです。しかし、ご覧のとおり、校長や教頭といった管理職と意見交換をすることはあっても、教務主任や生徒指導主任、研修主任など、教師の声を聞くことは通常ありません。授業参観をして、気付いた点があったとしても直接、授業者に意図を確認したり、指導助言したりすることができないわけです。しかも、40〜50分の中で全授業を見るわけですから、学級数の多い小学校ともなると、各教室、数分程度の参観時間で、慌ただしく教室を出たり入ったりしなくてはなりません。

これは県教委のケースですが、実際、市教委の学校訪問でも同様の傾向があり、学校訪問時に校長から学校経営方針について意見交換するのに加え、研究主任や教務主任などの教師とやりとりしている市教委の割合は1割未満。全国が5割超なのに対し、鹿児島では極端に低いのです[2]。

現場の先生が感じている授業づくりに対する悩みと、私自身が学校訪問の際に感じ取った問題意識。この「二次方程式」を解くための施策を打てばよいのではないか、と思い至ったわけです。

④新規事業を設計する

その中で着目したのが秋田県の「教育専門監」という仕組みです。これは、先に述べたように、教科の指導力のある教員を教育専門監として指名し、その教員が、在籍校に加え、要望のあった学校を何校も巡回しながら、教員に対する助言をするというものです。

2　千々布敏弥国立教育政策研究所総括研究官が２０１３年に全市町村教委を対象に実施した調査による（国立教育政策研究所「「地域とともにある学校」の推進に向けた教育行政の在り方に関する調査研究報告書」２０１５所収。

この取組は大変魅力的に感じられましたが、鹿児島で導入しようとしても、すんなり進むとは思えませんでした。例えば、数学や英語等については、各学校に「加配」として既に教員を追加的に配置していることから、加配を措置していながら、さらなる教員を追加配置する場合、加配教員との関係で整理をつける必要がありますし、人数の総枠を変えずに、加配教員を学校からはがして、教育専門監として別途配置しようとすれば、加配教員をはがされる学校を設置する市町村教育長からの反発は避けられないでしょう。さらに、各学校への指導については各教育事務所に指導主事が配置されていることから、教育事務所の指導主事を引き上げて、県教委に再配置することも案としては挙がりましたが、そのようなことをすれば、学力向上策に留まらず、義務教育課と教育事務所の業務を大々的に見直すことが必要になるため、予算要求までの時間的制約を考えると現実的ではありませんでした。このように、ブレーンストーミングする過程で、知事部局との調整まで見越して考えたときに、加配や教育事務所との関係に影響を及ぼさないよう制度設計することが必要だと感じました。

そこで、考えついたのが以下のスキームです。

【新たな事業での学校訪問の流れ（イメージ）】

① 教員との打ち合わせ（50分）
② 授業参観（50分）
③ 教員との意見交換と指導助言（50分）

義務教育課の指導主事が、県内の一部の地区ではなく、県下全地区の学校の中から選んだ指定校を訪問します。訪問校では、①まず指導主事が教員とその日に行う授業についての意見交換を行い、②次に、指導主事は対象教員の授業1コマを通して張り付き、③授業後には、教員と意見交換を行い、評価できる点や改善点について話し合うというものです。

しかし、単発の訪問では効果が期待できないため、複数回訪問を繰り返し、教員の授業づくりを支援し、授業を導入部分からまとめの部分まで一貫して参観するというのが、本事業の肝です。これまでの学校訪問との差別化が図られ、継続的に訪問することで教員の意識や授業の変化も辿ることができます。

ただし、このような役割は、本来、教育事務所の指導主事が担っているのではないか、との反論は容易に想定されました。そのため、教育事務所の勤務経験者からの聞き取りや指導主事の配置状況の確認を行い、教育事務所には確かに指導主事が配置されているが、全教科の専門の指導主事がそろっているわけではなく、事務所が指定している研究校の指導助言、定期的な学校訪問、本庁から依頼される種々の事務作業をこなすのに忙殺され、中学校を複数回訪問する余裕はない、などの理論武装をして備えました。

しかし、私の提案に対する課の職員の反応はというと……、賛同する職員がいた一方で、慎重な意見も出されました。例えば次のとおりです。「県教委が大々的に（市町村立の）学校に指導に入ろうとする課長案では、市町村教委から反発が出るのではないか」「現場の教員からも、なぜ県教委から自分の授業について指導されなくてはいけないのかと反対されるのではないか」、さらには、「この事業は、パンドラの箱を開けることになり、さまざまな県の施策への影響も大きく、収拾がつかなくなるのではないか」。

厳しい意見も出されましたが、私からの提案に対しても忌憚なく率直に意見を出し合える雰囲気があるのが義務教育課のよいところです。意見を総合すると多くの職員は提案の趣旨・目的・方向性自体には賛同。出された懸念点については、職員の理解を得た上で、各市町村教委や学校現場に丁寧に施策を説明すれば解決可能だと感じました。要は手続き論の問題です。

そこで、課の職員に、鹿児島の学力の課題に早急に取り組み、授業を改革していくにはこれくらいの荒療治をするしかない、他県と同じような取組を模倣して満足していたのでは残念ながら鹿児島は定位置から抜け出すことはできないだろう、ということを丁寧に説明し、合意をとりつけました。一方、各市町に対しては予算や人員確保の目処が見えてきた段階で説明に回ることとし、慎重に進めることにしました。

このプランの最大のハードルは、予算獲得と人員確保の「二兎」を同時に追わなくてはならないところにありました。いずれかが倒れると本事業は実現しません。

予算については、広域の県内の学校を何度も訪問するわけですから出張旅費を計上しなくてはなりません。離島も訪問しますから、航空運賃などを積み上げると、有に数百万円を要する計算です。財政課に予算要求をするべく早速、準備を行いました。

そして、何といっても最大のハードルは人員の確保です。義務教育課の指導主事は多忙を極めています。現在抱えている業務の手を止めて、繰り返し出張することは不可能です。したがって本事業の実施には、専属の職員の確保が必須条件でした。そのため、県庁内の組織を担当している県行政管理室に増員要求をするべく準備を進めました。とはいえ、行政の効率化が叫ばれている中、人員を増やすことは容易ではありません。増員をする分、「財源」となる減員を差し出すよう求められることは想定されましたが、課内のどこを見渡しても減らせる人員はいません。当たって砕けろという気持ちで、定員を純枠に増加させる「純増」の提案をしました。

提案を出すに当たっては、人員と予算、両方に関わってきますので、課の職員とは、入念に作戦を練りました。ここで力を発揮したのが村久木敏典課長補佐（当時）はじめ事務系のプロ職員たちでした。彼らが指導主事や関係課を引っぱりながら完璧な説明資料を作り上げてくれたのです。本音では、5教科程度をカバーする指導主事の配置、と要求したいところでしたが、さすがに現実離れした予算や人員を要求すれば荒唐無稽だと門前払いされかねません。それ故、教科は、数学と国語に絞り、それぞれ1名ずつの計2名の増員で提案することにしました。指定校は拠点校と推進校の2種類に分け、拠点校は年6回、推進校は年3回訪問としました。支援を多く要する学校は拠点校、効果があるか慎重に見極めたいという学校はお試し的に推進校からスタートするという設計です。

また、この事業のもう一つのねらいですが、現場の教員を複数の視点から支援するとともに、市町村や教育事務所の指導主事の資質向上をも同時に図るため、義務教育課の指導主事だけでなく、教育事務所の指導主事、市町村教委の指導主事の3者がチームで学校を回る仕掛けにしました。どういうことかというと、市町村教委や教育事務所には数学・国語を専門としない指導主事も配置されています。その指導主事が、いわば県を代表する教科のエキスパートたる義務教育課の指導主事の指導助言を直接見聞きすることで得られる効果は計り知れないと感じたからです。

このように事業の大枠が決まった後には細部の詰めの作業が残されていますが、義務教育課のスタッフが実に精緻に組み立ててくれました。

指定校については、予算や人員の増が公表されてから市町村と調整する流れになりますので、あくまでも仮定として、2人が年間で何校回れるかをシミュレーションしました。要求のストーリーでは、1

校でも多くの学校、一人でも多くの教員に直接サポートすることとしていたため、200校を超える中学校の半数以上を義務教育課の指導主事が現実的に訪問できるか、について検討しました。検討の結果、100校程度の学校を訪問することが可能だと明らかになったので、折衝の際の材料をまた一つ手にすることができました。教育長など幹部にも説明を行い、ぜひこの線で進めるべし、と了解をいただいたので、年末にかけて関係部局と調整を行うことになりました。

⑤事業化の決定、そして細部の詰め

細かい折衝の過程は省きますが、年末にかけて関係部局とのヒアリング、資料提出を繰り返し行い、最終的に予算の確保、人員についても満額回答の2名増員を認めてもらうことができました。義務教育課の職員の華麗なチームプレーや努力はもちろん、知事部局も含め、学力向上について深くご理解いただいた結果だと思っています。

初年度となる2015年度は、国語・数学ともに、それぞれ拠点校26校、推進校62校の計88校、延べ176校。

予算が確保されましたので、次は職員から懸念が表明されていた市教委への根回しです。義務教育課と教育事務所、市町村の指導主事の3者がチームで学校にサポートに入るという制度設計のため、市町村指導主事には本プロジェクトに全面的に協力いただくことが不可欠です。そのため、市町村教育長がどのような反応を示されるか不安でしたが、いざ足を運んでみると、「県でこのような取組を行っていただき大変ありがたい」「本来、我々や校長がすべき仕事だが十分に教員を支援できていないため助かる」「指導主事にとってても勉強になる」「現場の校長にも刺激になるに違いない」「ぜひ、思考力を育む問題

づくりについて助言をしてもらいたい」など好意的な受け止めをされる教育長が大半でした。ただ、一部に「学校への指導は市町村の指導主事で十分と思っている。県が直接訪問するからには、現場の教員がうなるような指導をしていただきたい」といった注文を付けた教育長がいらっしゃったのも事実です。このようなご意見は、人事の要望の際にも大いに使わせていただき、結果的に我々が要求した、非常に能力が高くバランス感覚のある職員を配置することができました。

次に必要なプロセスは、指定校の選び方です。まず、地域別の学校数や規模を勘案し、鹿児島市と各教育事務所に割り振りました。各教育事務所はさらに市町村ごとに割り振りを行い市教委と調整を行いました。市町村が学校を選ぶ際には、「地域の中核となるこの学校にもっとよくなってもらいたい」「核になる教員が抜けたこの学校にしよう」といった観点で学校が決定されたと聞いています。

市町村教育長への根回しと並行して、細心の注意を要したのは、各学校へこのプロジェクトの趣旨・目的をどう伝えるかでした。伝え方を間違うと、県が現場に直接指導に入り自分たちの指導法に物申すのか、という誤った捉え方をされ、現場の教員のために立ち上げた事業にもかかわらず、その前の段階でアレルギー反応を示される可能性がありました。そのため、指定校の校長が教員に説明する際、十分な理解が得られるよう、事業の趣旨や内容をわかりやすく1枚で示した資料を作成しました。現場感覚を最大限生かしながら、指導主事が教員の立場に立ってよいアイデアを出してくれました。

具体的には次のとおりです。使用するあらゆる資料では、「指導」という言葉は一切使用せず、「共感と対話と協働による授業づくりの支援」といったように「支援（あるいはサポート）」という言葉を用いることにしました。そして、基本的な支援内容としては「授業参観」と「授業ガイダンス」、そして教員のニーズに応じた「教材分析」「実践的な授業支援」「問題作成」「教材・教具づくり」などを例示し現場の先生方の理解が得られるよう工夫しました。

こうして、各校長までプロジェクトの趣旨が伝わった学校では、どの教員をサポートの対象にするかを決めることになります。ここは各校長の腕の見せどころですので、「将来ある若手の先生にしよう」、「べテランだが授業で悩んでいる先生にしよう」、「本校に着任して日の浅い先生にしよう」、「数学科の３名全員を対象にしよう」、といったように各学校の課題に応じて対象の先生を学校の判断で決定します。

県教委による根回しや学校への情報の伝え方と合わせて、本プロジェクトの要諦ともいえるのが、「授業支援シート」の作成です。いくら現場のニーズに合ったプロジェクトを予算化し、専属の指導主事を配置したとはいえ、学校で教員と話し合いをするだけで、果たして教員の授業が改善されたのか、意識に変化が見られたのかが明らかとはなりません。そこで、担当係に、個々の教員の「カルテ」を作成するよう指示しました。毎回の訪問で指導主事がカルテに記入することにより、教員の指導力が向上したのか、どの項目が伸び悩んでいるのか、共通課題はあるのかを「見える化」することが可能になると考えました。

このカルテは、授業サポート開始前に「授業支援シート」として完成を見ました。評価項目は、①実態把握、②学習課題、③表情、④発問、⑤言語活動、⑥助言、⑦板書、⑧学習評価、⑨魅力ある授業の創造の9項目で、先に紹介した「学びの羅針盤」の項目とも整合を図りました。

これらの項目を、義務教育課のサポートチームが毎回の訪問で確認し、当該教員はもちろんのこと、教育事務所と市町村の指導主事と共有を図りながら対話を繰り返します。教員にとっても自分の授業を改めて見つめなおす好機になるといえます。

そして、２０１５年4月下旬から、いよいよ授業サポートプロジェクトが始動することになったのです。

ここで、授業サポートが実際にどのように行われていたのか、その一部をご紹介することにしましょう。

まず、２０１５年7月15日に訪問した肝付町立高山中学校の模様です。私自身も当日は指導主事に同行し、その様子を義務教育課フェイスブックにも掲載しましたので、そこからの引用です（フェイスブックについては第5章を参照）。


【授業サポートプロジェクトを密着リポート（肝付町立高山中学校編）】

今回訪問したのは数学の拠点校，肝付町立高山中学校。

県義務教育課の松本指導主事（授業サポートチームチーフ），教育事務所の溜指導主事，肝付町の佐々木指導主事がサポートに入り，先生の困り感に寄り添いました。

毎回の授業サポートは，
①管理職との意見交換
②サポート対象教員と授業づくりの相談
③サポートチームによる授業参観
④授業後の対話と協議
という流れで進みます。

今日は「連立方程式の活用」の授業でした。
★授業前に担当教員と授業の流れを確認★
松本指導主事から，「導入部分で工夫した点は?」「生徒はどういうところに線を引くと思う?」「展開部分の流れはどうするの?」と質問を投げかけ対話がスタート。
★授業後の対話と協議
担当教員は，「式を作るのに時間がかかってしまいました」「まとめを話し合う時間がとれなかったのが反省点です」「連立方程式の立式の流れが上手くいきませんでした」と授業を振り返り。

これに対し，授業サポートチームからは，
「導入の状況設定がよく，子どもたちは楽しんでいましたよ」「生徒同士のペアでの意見交換は数学的な見方や考え方に基づいたものになっていてよかった」「先生の表情がよかった」と授業のよかった点を指摘。
今後の工夫点としては，
「先生が全部板書するのではなく，子どもに書かせればよかったのでは」「連立方程式のよさを感じさせる工夫があった方がいい」といった点をアドバイス。
今回の授業サポートで嬉しかったのは，多くの先生方が授業の様子を参観されていたことです。校内全体の雰囲気がよく，先生の意識も高い学校でした。
★高山中の取組
高山中では，鹿屋体育大学と連携した保健体育の授業や，流鏑馬神事への参加，イプシロンロケットと同様の固形燃料模型ロケットの制作など特色ある教育活動を行っていますが，昨年度からは独自の学力向上策「学びのサイクル」にも取り組んでいます。

子どもたちは月2回の「学び合いタイム」で教え合いながら学習の定着を図り，翌朝の「チャレンジタイム」で前日の学習をテストし復習する取組を実施。

また，教員は，問題づくりから始める授業づくりを合言葉に，単元の中で身につけさせたい力を確認し→思考力を高める試験問題をつくり→発問計画を立て→授業を行うという手順で授業改善を行っています。県教委が開発したWebシステムに掲載した評価問題や，県学習定着度調査を参考に問題づくりに励んでおられます。

このような取り組みにより，学力調査の結果も年々改善が見られるなど，着実に成果を上げています。ぜひ，他校も参考にしてみてください。


次に2015年12月17日に肝付町立高山中学校で行われた国語の授業サポートの様子です。同じく私が投稿した義務教育課フェイスブックからの引用です。

【授業サポートプロジェクトを密着リポート（鹿児島市立谷山北中学校編）】

7月に続き，授業サポートプロジェクトの取組のご紹介。今回は国語の拠点校，鹿児島市立谷山北中学校。県義務教育課の松永指導主事（授業サポートチームサブチーフ），鹿児島市教委柏木主幹が3回目のサポートに入り，先生の困り感に寄り添いました。

★授業参観

この日は「『なりきり作文』を書こう」という授業。

まず，先生が「なりきり作文」について説明。生徒は教科書の例文や「我が輩は猫である」を読み，視点を変えて書かれた文章への理解を深めた後，２００字程度で「なりきり作文」を書く，という流れで授業は展開。

松永指導主事は50分間授業に張り付き，板書をノートに書き取り，授業の進め方や子どもたちの反応などを見ながら，メモを走らせていました。

★授業後の対話と協議

授業後，校長室で松永指導主事とサポート対象教員との意見交換が始まります。

松永：今日の授業を振り返り，構想どおりにいかなかった点は何かありましたか?

教員：予想に反していつも書けている子が書けていなかったですね。スムーズに「なりきれる子」と「なりきれない子」がいました。

松永：次回の授業ではどのように展開するつもりなんですか?

教員：まだ迷っているのですが……。生徒の文章をコピーして，それを基に意見交流するのがよいか，俳句の選句のようにするのがよいか……。

松永：いくつかよく書けている子や面白い内容や表現を工夫している子の文章をピックアップして批評し合う方法もありますよ。要は，交流を通して，自分の表現に役立てようという意識をもたせることが大切ですね。

松永：全体的に準備をしっかりされていて1時間の授業がスムーズに流れましたね。子どもたちも２００字の作文がよく書けていましたよ。視点を変えて書くおもしろさを導入部分で伝えるともっとよくなりますね。

例えば，（先生が書かれた例文にあった）パソコン室のパソコンの立場で書いた文章に加え，人間の視点から書いた文章の両方を示せば，視点による違いが出てくるのではないでしょうか。視点を変えると，ユーモラスで，言いたいことを主張できる，と子どもたちも気づくと思いますよ。

今回の授業サポートでは，国語科の別の先生も授業参観，授業後のサポートにも同席されていました。その先生も，他の先生の授業から学ぶ点がたくさんあったとおっしゃっていて，ヒントを得たようでした。

谷山北中の訪問は年度内にあと1回。学校全体の授業改善につながるよう授業サポートを活用してもらいたいですね。

サポート対象教員が、授業全体の流れを振り返り、反省点をサポートチームに伝えたり、当初の思惑どおり授業が進まなかった点について助言を求めたりしている姿や、サポートチームが教員の困り感に対し、「指導」するのではなく、よい点を評価し、課題のある点を助言しながら、共にいい授業を作っていこうという姿勢で対応している様子がおわかりいただけたのではないかと思います。授業サポートチームに聞くと、1回目よりも2回目、2回目よりも3回目というように、回を重ねるごとに、授業に工夫が見られるようになり、生徒の思考を深める授業へと質が高まっているようです。

⑥成果の兆し

授業サポートプロジェクトの現場の受け止めは果たしてどうだったでしょうか。現場の教員からは、「(40代半ばの)自分のような年代になると、授業の改善点について他の教員から指摘される機会が少なくなってきたが、このプロジェクトを通じて、的確な助言をいただき大変刺激を受け、やる気が出た」。校長からは、「教員が目の色を変えて教材研究を行っている」「授業がアクティブなものに変わってきている」「校内研修の一環として位置付けており、教職員の士気が高まっている」「これまであまり積極的でなかった教員が、指導案を毎時間準備して授業づくりに真剣に取り組むようになった」。市町村の教育長からは、「本市（あるいは町村）の授業改善につながっているし、指導主事の力量も高まってきたようだ」「前年度までと比べて、管内の学校の雰囲気が明らかによくなり、授業を変えなくてはという教員が増えている」などの声が直接聞こえてきました。このように好意的な受け止めが広がり、好スタートが切れたのではないかと感じています。

指定校では、授業サポートプロジェクトを学力向上策の柱と位置付け、該当教科以外の教員も授業参観に同席したり、校内研修で取り扱ったりと、全校体制で取り組んでいる学校も徐々に増えてきました。近隣の学校の教員も、指定校の様子を自ら希望して見学するなど、指定校の周辺にも効果がじわりと波及しつつあります。

先ほど授業支援シートについて紹介しましたが、この評価結果を年度末に集計してとりまとめてみたところ、２０１５年度は、初回の訪問時との比較で、４～５割程度の教員に改善が見られるなどの成果が確認されました。一方、授業を進める上で課題となった点も明らかになっており、今後、鹿児島の教員が苦手意識を持つ項目を重点的に支援するなど、支援の重点化、焦点化が必要になりそうです。以下の表は主な成果と課題を整理したものです。

〈主な成果〉

【国語】

○実態把握……教材にふさわしい言語活動を考えて、授業計画を立てる教師が増えてきた。

○言語活動……グループ活動により、生徒の相互作用を大切にする教師が増えてきた。

○助　　言……こまめに机間指導をして、つまずきの支援に努める教師が多い。
○魅力ある授業の創造
　……対話を通した支援により、対象教師との信頼関係の構築ができつつある。
【数学】
○実態把握……問題解決的な学習の授業構成が理解され、講義型の授業が少なくなった。
○板　　書……学習目標やまとめ、生徒の考えなどを整理して板書しようとする意識が高まった。
〈主な課題〉
【国語】
○発　　問……切り返しや揺さぶりの発問が不足しており生徒と教師のやりとりが深まらない。
○学習評価……まとめが完結しない授業が多々あり評価が不十分である。
【数学】
○発　　問……比較して、分類して、関連付けて示すなどの工夫がないため、思考を深める発問につながらない。
○言語活動……何を、どのように、どこまでといった指示がなかったり、活動が終わっているグループ等への次の手立てがない。
○学習評価……授業週末での適応問題の準備がなされていない。机間指導が不十分で生徒の反応を見とれていない。
（出典：鹿児島県教育庁義務教育課から聞き取った内容を基に筆者作成）

事業の実施主体である私たち行政の人間が、客観的な視点からの検証や学術的な観点による意味付けをすることには限界があります。その意味で、県学力向上検証改善委員会委員でもある高谷哲也准教授に、本プロジェクトを研究対象として論文にまとめていただいたことは県教委にとって大変有意義なことであると考えています。高谷・原之園（２０１６）[3]では、義務教育課、教育事務所、市教委への聞き取り結果を踏まえ成果と課題を検証し、結論部で、授業サポートプロジェクトを肯定的に評価いただいた上で、これからの教育行政に対する示唆を提示していただきました。以下はその抜粋です。

> 教育行政が果たす役割においては、求められる授業スタイルを指導するというスタンスではなく、個々の教員が追究したいと考えている授業や挑戦したいと考えている授業の実現を支援していきながら、共にこれからの時代に求められる授業の実現を目指していくというスタンスである方が、現場の教員にとって意欲を持ちやすく、結果的に授業力の向上につながりやすいのではないかと推察される。
>
> 現場の教員の「困り感」に寄り添い授業づくりを手厚く支援していく「授業サポートプロジェクト」は、その趣旨において教育行政が果たすべき本来の役割を根本から問い直したものであり、多大な労力と負担、覚悟のもと実施されている事業であるといえる。

3　高谷哲也・原之園哲哉（２０１６）「学校を基盤とした教師の授業力向上に果たす教育行政の役割に関する一考察—鹿児島県における『授業サポートプロジェクト』の事例より—」、鹿児島大学教育学部教育実践研究紀要特別号６号，Ｐ45-56。

このように、大学ともタイアップし、私たちが研究テーマとなる素材を提供する代わりに、行政では限界のある評価分析を大学教員に依頼することより、事業をさらに改善充実していくことは大切な視点です。今後は、多くの事業で大学の知見も借りながら連携をもっと深めていくべきであり、授業サポートプロジェクトがよい先例となることを期待しています。

（6）施策間を有機的につなげる

２０１５年度に新規・見直しした事業は授業サポートプロジェクトだけではありません。２０１４年度まで教育事務所単位で小・中学校の教員を集め、指導案や評価問題づくりなどを行っていた教科別研究会を発展的に解消し、「コアティーチャーネットワークプロジェクト」としてリニューアルしました。

これまで義務教育課では、「地区ごとに各教科の教員を集めて研究会を行う」という大枠を示すのみで、中身の詳細は各教育事務所に任せていました。創意工夫を凝らした研究会が実施されていたことは間違いないのですが、成果が地区内あるいは研究会に参加した教員だけに留まっており、せっかくのよい取組なのに広がりが見られないという課題がありました。そこで、衣替えしたコアティーチャーネットワークプロジェクトでは、教科ごとに小・中学校の教員を集めるところまではこれまでと同じですが、各地区共通のミッションとして、思考力・判断力・表現力等に関する評価問題の作成と授業づくりに挑戦してもらい、その成果物である評価問題を、（４）で紹介した「かごしま学力向上支援Ｗｅｂシステム」上にアップし、鹿児島県内のどこの学校からでもダウンロードし、活用できるようにしました。このように、それぞれの施策に有機的なつながりを持たせることで、シナジー効果を発揮することが可能になると考えたのです。また、各地区で選ばれた教員は、コアティーチャー、すなわち県の中核となる教員ですので、自覚と誇りを持って取り組んでいただき、別の地区に異動したとしても、当該地区で力を発揮いただけるよう、その動機付けができればと考えました。

作成する評価問題は、義務教育課の職員がイニシアチブを取り、単元・領域を教育事務所ごとに割り振り、問題の偏りをなくすなどの調整を行いました。こうして集まった問題は、鹿児島の学校現場の実態を知る教員による手づくりの鹿児島オリジナルの問題集ですし、各教育事務所から選抜された教員が作問に携わることで一定の質も担保されています。作成の過程を通じ、集まった教員の作問能力が向上し、ひいては授業力向上にもつながります。教育事務所の指導主事も研修会全体を運営する過程で指導力、行政能力が向上するなど、目に見えない効果を生み出す事業だといえます。

Ｗｅｂシステムに掲載された問題を先生方が授業で取り扱うことで、作問のヒントを得て、授業改善に役立ててもらい、いずれはどの教員も、思考力等を育む問題を自力で作成できるようになることを期待しています。

私たちは、この授業サポートプロジェクトとコアティーチャーネットワークプロジェクトの２つの事業をまとめて「学力向上プログラム」として県下に打ち出し、２０１５年度の学力向上施策の柱と位置付けたのです。

また、（３）で述べた県教委の学力向上策を客観的な立場から評価してもらう学力向上検証改善委員会については、２０１５年度より構成を大幅に見直し、教育行政関係者の人数は絞る一方で、保護者代表と企業関係者を新たに加え、外に開かれた会議体へと見直しをしました。その結果、会を重ねるごとに、教育行政関係者や学校現場からは思いもよらぬ視点からのご意見もいただき、はっとさせられる場面も幾度となくありました。各施策について説明の至らない点を改めて認識するとともに、広く県民の方々に学校教育をご理解いただくためにどうすればよいか考えるきっかけを与えていただいたと思います。

鹿児島のように財政状況の厳しい地方部に位置する県にあっては、少ない予算を効率的・効果的に使う工夫が他県以上に求められます。それを知っているからこそ、県教委では、事業規模が数十万円であれ、数百万円であれ、配分された予算を決して無駄にはしない、という強い思いで仕事に向き合ってきました。このような感覚は国で仕事を行う際にも大切にしていかなくてはなりません。

（7）ＰＤＣＡサイクルの充実

授業サポートプロジェクトをはじめとする新規施策の事業化によりDoに「かごしま学力向上プログラム」が新たに加わり、一部虫食いのようになっていたＰＤＣＡサイクルがようやく完成し、また、事業間での連携も強まり、さらに充実を図ることができました。図３‐５はその比較図になります。

役者はそろいました。この次は、これらの施策をより実効性のあるものへと深化させ、現場への浸透を図る段階へと移行しなくてはいけません。そのため、私はこの図を意識的に、あらゆる場で使用しま

図３‐５　学力向上施策のPDCAサイクルの
２０１４年度と２７年度の比較

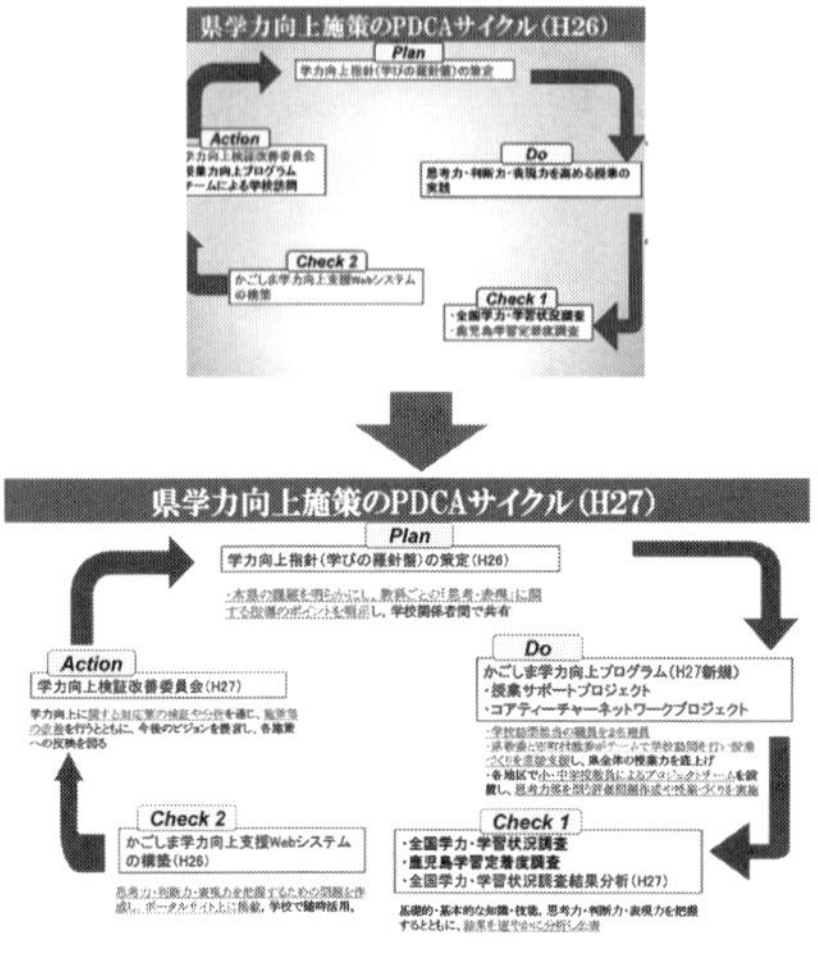

（出典）鹿児島県教育委員会提供資料より筆者作成

した。例えば、教育事務所の指導課長との意見交換会や各地区の校長研修会、市町村の教育長向けの研修会などです。また、学力調査の結果分析をまとめた報告書にも添付し、県教委の各施策がどのように位置付けられ、ねらいはどこにあるのかを説明し、現場の先生方と共有を図るようにしました。

現場への浸透という意味では、まだまだ不十分かもしれませんが、秋田県でできていることが鹿児島県でできないわけはありません。繰り返し発信しながら、現場とのコミュニケーションを大切にし、先生の意識を学力向上そして授業改善に振り向けていきたいものです。

（8）教育事務所・市町村教委の指導主事の力を最大限に活用する

第2章でご紹介したように、県内には教科の専門性を有し、学校に対し指導助言を行う指導主事が本庁のほかに7か所の教育事務所、そして各市教委に配置されています。

本章で見てきたとおり、県教委ではさまざまな施策を展開していますが、実際に最も効果的かつ効率的な取組は、義務教育課よりも現場に近い、教育事務所や市教委の指導主事の力量を高め、学校現場に対する指導助言の質を高めることだと思っています。さらにいえば、校長のマネジメント力を高め、各学校内で教職員が切磋琢磨していくことが一番大切なことです。しかしながら、小規模な学校が多い鹿児島では切磋琢磨しようにもできない環境に置かれている学校が多いため、行政の担う役割は極めて大きいといわざるを得ません。

特に教育事務所は県教委の出先機関ですから、義務教育課の施策の意図、背景、今後の方向性等を確実に理解し、我々の代わりに動くことが求められています。したがって、各教育事務所の所長や指導課長とは綿密に連携を図りながら、意見交換を行い、現場の状況を吸い上げ、課題があれば施策の軌道修正を図る、といったことを常に行ってきました。

また、各市教委の指導主事に対しても、年2回開催される指導主事等会議や各地区の研修会等で口が酸っぱくなるほど繰り返し学力向上策について説明するようにしました。

指導主事等会議は、義務教育課が主催の会で、全市町村から指導主事が集まる唯一の場ですので、この会議の中身の充実度が鹿児島の学校教育の帰趨に大きく影響するといっても過言ではありません。内容は、大きく、①県教委の各課からの行政説明、②義務教育課の各係からの行政説明、③研究協議の3部構成となっています。ただし、①と②のウエイトが大きく、大量の資料を配布し、長時間にわたり行政説明が続くため参加者にとっては負担の大きい会議です。もっとも、伝えるべきことは伝えなくてはなりませんので①や②の重要性を否定するものではありません。ただ、見直しの余地はあるのではないかと考えました。

そこで、いくつかの改善に取り組みました。1つ目は内容面での改善です。市町村教委の指導主事は会議が終わると、今度は説明する立場に回ります。教育委員会内での共有はもちろんのこと、各市町村で実施される校長会、教頭会で、情報を整理して説明しなくてはなりません。そのため、指導主事等会議では、国から配布された資料を単にホッチキスするのではなく、何が重要なのかポイントを明確にするようにしました。このことにより、義務教育課の指導主事もメリハリを持って資料を作成し、説明しようという意識が生まれますし、市町村の指導主事にも情報が伝わりやすくなると考えました。

2つ目はより実践的な中身とするべく外部講師を招聘したことです。繰り返しになりますが指導主事の力量を高めることが鹿児島の学校教育を活性化させる近道です。しかし、実際は半数の市町村教委では先に述べたように指導主事が一人しか配置されておらず、その指導主事が、学校への指導助言から、保護者や住民からの問い合わせまで諸々の業務を担っています。本来期待されている、学校教育に対する指導助言に関わる時間が限られているだけでなく、学校現場から行政にいきなり抜擢され、指導主事の業務が何たるかを学ぶ機会もないまま、走りながら対応するという状況なのです。

　こうした問題意識から、２０１６年度の第1回目の指導主事等会議では、指導主事への研修という要素も加え、指導主事研究の第一人者である国立教育政策研究所の千々布敏弥総括研究官にお願いし、指導主事の役割や学校経営の重要性について事例を交えながら説明していただくことで、指導主事業務の重要性や役割について立ち止まってじっくり考える場としました。なお、私は千々布先生から折々で直接ご助言をいただき、指導主事会の改善だけでなく施策の充実に役立ててまいりました。このように、内部で悩まずに外部専門家の知見を借りて施策を見直すことも教育行政を活性化する上では、大切なことだとつくづく実感します。

　また、県総合教育センターでは、希望者を対象に土曜日に開設している研修「土曜講座」において、２０１６年度新たに「指導主事」を対象とした講座を開講しました。その名も「よりよい鹿児島の授業を考える指導主事講座」。講座名の示すとおり指導主事を対象としたもので、全国的にも極めて珍しい研修といえるのではないでしょうか。

　講座開設の背景は私が先述した問題意識と共通するものがあります。講座には、離島を含む市教委の指導主事が多数集まったと聞いており、学ぶ機会に飢えた現場の指導主事の思いに応える研修になったはずです。指導主事の力量を高め、その結果、各学校の教育力も高まる。正攻法ともいえる取組こそが極めて大切だと考えています。この研修の成果をぜひ、県外にも発信してもらいたいものです。

（9）学力調査の分析結果を公表する

学力調査はメディアの注目度が高く、全国順位のみに県民の目が集まりがちでした。結果は結果として受け止めなくてはなりませんが、言うまでもなく、なぜ、そのような結果になったのか、各学校がしっかり分析し課題を洗い出し、授業改善の一歩につなげることが何よりも大切なことです。

義務教育課では、２０１３年度までは文部科学省の結果公表のタイミングに合わせて速報値として各教科の正答率を公表するのみで、義務教育課が独自に分析した結果は、教育事務所や市教委など限られた関係者に研修会などで示すに留まっていました。

しかし、県内の全ての学校関係者と鹿児島の学力の課題を共有し、課題をしっかり受け止めてもらい、改善につなげることが肝要だと考え、２０１４年度から分析結果を県下に広く公表することにしました。ちょうどその前年度に、文部科学省が、「都道府県教育委員会は、市町村教育委員会の同意が得られれば、一定の配慮を行った上で市町村名又は学校名を明らかにして調査結果の公表ができる」こと等を柱とする学力調査の公表の取扱いを変更したことも新たな舵を切るきっかけとなりました。

学力調査の実施は４月。そして、結果が文部科学省から示されるのは８月下旬。少しでも早く各学校に対し分析結果をフィードバックしたいという思いと、県教委内の作業期間と意思決定に要する時間を勘案し、10月公表を決断しました。９月中旬からは県議会も始まるため、無謀ともいえるスケジュール感でしたが、課をあげて分析を行い、教育委員会定例会で説明した上で公表しました。

集中的に分析した結果わかったことは、全国平均を下回る教科では、おしなべて成績上位層が全国平均よりも少なく、成績の中位から下位層が多いという傾向が見られるという点です。現場では、子供たちの成績が二極化している、ということをしばしば耳にしますが、結果を見てみると、二極化というよりもむしろ、成績中位から下位の児童生徒が多いのです。

この分析結果は県内でも大きな衝撃をもって受け止められました。どういうことかというと、これまでは、学力調査の結果が全国を下回っているのは、学習到達度の低い層の子供たちが一定数いるからだろう、という捉え方がなされていました。一方、学力の上位層は全国と比較して遜色ない程度いるのではないか、と信じられてきました。ところが、ふたを開けてみると、そうではなく、上位層が少なく、中位から下位が多いという実態が明らかになったからです。

私自身、毎回の授業の設定が学習到達度の低い子供たちに置かれすぎていて、中位層の子供たちの可能性を伸ばし切れていないのではないか、と考えており、「２０１４年度全国学力・学習状況調査鹿児島県結果分析」では、思い切って、厳しく指摘することにしたのです。義務教育課内では、表現ぶりについて賛否がありましたが、オブラートに包んで無難な分析をしたのでは、県教委からのメッセージが伝わりませんし、現場の先生方の意識改革につなげるには、これくらいの物言いはやむを得ないと判断しました。以下はその抜粋です。

６　全体考察

（２）学力の全体的な状況と課題

（略）

しかし，正答数の分布グラフにおいて本県と全国を比較した場合，分布状況に違いがあることがわかる。本県においては，全国平均を上回った算数Ａを除き，全ての教科において中位から上位にかけての層が少なく，一方で中位から下位にかけての層が多くなっている。その傾向は平均正答率が全国平均を2・9ポイント下回った算数Bで最も顕著に見られる。

これは，教員が児童生徒に対し，基礎的・基本的な知識や技能を習得させることを意識した結果として，例えば，国語で段落ごとに文章を読み，登場人物の心情の変化を丁寧におさえていくことのみに終わる授業や，算数・数学で公式を覚えさせ，練習問題を繰り返す授業しか行われていないことなど，身に付けさせたい学力の一部分やある一面しか対応していない授業となっていることが要因の一つであると考える。このため，ある一定のレベルまで児童生徒の学力を高めていく授業ではあるものの「知的好奇心や探究心に支えられた主体的な学習」，「思考力・判断力・表現力等を駆使する授業」になりきれておらず，例えば，上位層が少なく中位層が多いなど，結果として，児童生徒の可能性を伸ばし切れていない実態がある。

当該分析報告は2部構成になっており、右に示したのは県教委による分析で第1部に該当し、第2部の方は賛同いただいた各市町村の結果を掲載しています。「賛同いただいた」としたのは、県教委が示した共通フォーマットに結果を記載し公表することに賛同いただいた市町村という趣旨で、小規模な自治体を除くほとんどの市町村に協力をいただきました。市町村教委にもしっかり結果を分析していただき、県教委と同じベクトルで授業改善に取り組んでいただくことを企図したものであり、こうした地道な取組の積み重ねを続けていくことが重要だと考えています。

（10）学校ごとの学力向上のＰＤＣＡサイクル確立を訴える

私は2年間で２００校近くの学校を訪問し、それとほぼ同数の校長先生にお会いしてきました。どの学校を訪問しても「学力向上」を最重要課題に位置付けており、各学校の学力向上策についての説明をいただきます。しかしながら、説明を耳にしながら気になることがありました。

多くの校長は、「学力向上が本校の一番の課題です」「学力の向上のため……などに取り組んでいます」「市教委（あるいは県教委）の施策を取り入れています」などと説明されるのですが、現状分析があまりなされていない学校、学校経営目標や年間の指導計画と、学力向上策との関係が不明確な学校、学力向上策がそれぞれどのようにつながっているのかが判然としない学校、総花的取組が並んでいる学校が特に中規模以上の学校でより顕著に見受けられたのです。つまり、各取組がどのような関連性を有し、それらをどう検証し、次のステップに生かすのか、という流れが明確でないのです。

また、これは私たちの取組の反省でもあるのですが、県教委の施策が、我々が思っているほどには現場に十分伝わっていないのです。これでは、県教委の取組と現場の取組がちぐはぐになってしまい、現場の先生方にとっても「やらされている感」が強くなると思いました。私たちも、施策の趣旨が現場にきちんと伝わっているだろう、という思い込みがあったと思います。

そこで、各施策の説明と合わせて、以下の図を用いて、4月から3月まで、年間を通して、県の施策を各学校でどのように生かしてもらいたいか、を明示し校長会や研修会等で説明するようにしました（図３‐６）。この図は、先ほど説明した（９）の分析結果の報告書の中にも添付しましたが、とにかくさまざまなチャンネルを使って、繰り返し説明することに尽くしました。

管理職が学校の課題を明確化し、県教委の施策を含む各種取組について、要所で進捗を確認しながらＰＤＣＡサイクルを回している好事例として、垂水市立垂水中学校では、（学力向上に限定しておりませんが）校長が当該年度に取り組むべき①重点課題を掲げ、課題ごとに②実践事項、③達成状況、④改善策をわかりやすく整理しています。例えば、①「みんなでやる授業改善」に対しては、②Ｗｅｂシステムの積極的な活用や言語活動充実のためのグループ活動の工夫、③学力調査結果や指導案作成の状況、④授業の５原則の徹底や話し合い活動の充実、といった形です。このように管理職がＰＤＣＡを意識して本気で取り組めば学校は必ずや変わることでしょう。

これまで学力向上策について述べてきましたが、学力向上に唯一の処方箋はありません。行政は学校外から学校を支援したり情報提供したりすることはできますが、あくまでも私たちは「黒子」です。何をおいても、最後は各学校、なかんずく校長が、主体的に学力向上に取り組むことが重要であり、校長が、学校の課題を把握・分析し、行政の施策を取り込むにしても自校の文脈に置き換え、校長自身の言葉で教職員に語り、さまざまな教育活動の中に課題解決のための仕掛けを埋め込み、教職員一丸となって取り組むことが不可欠です。そのために必要な、いわば痒いところに手が届くような情報をこれからも教育委員会は現場に提供し、学校の教育力を高める一助にしてもらいたいと考えています。

図３－６　各学校の年間の学力向上PDCAサイクル（イメージ）

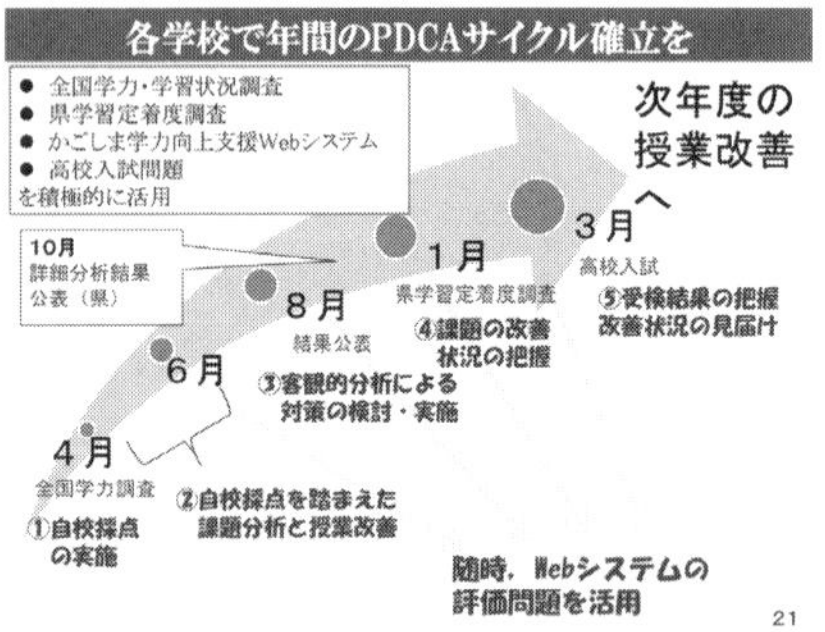

（出典）鹿児島県教育委員会提供資料

コラム

誰にでも挨拶する鹿児島っ子たち

鹿児島に来て驚いたことの一つに、子供たちが校内外を問わず、私のような外部の大人に対しても挨拶してくれることです。

学校訪問すると子供たちが廊下であれ、階段であれ、私たちの顔を見ると元気よく挨拶を交わしてくれます。在任中に、県外の学校を何校か視察する機会がありましたが、鹿児島の子供のように元気よく挨拶する子供はまれです。視察後、再び鹿児島の学校を訪問して元気な挨拶の声を聞くと、鹿児島に帰ってきたことを実感し、感激して思わず涙腺が緩みます。

また、私は泊付きで離島に出張した日の翌朝は、決まって早起きして宿の回りをランニングすることにしているのですが、ちょうど通学時間帯と重なり、通学途中の児童生徒と道ですれ違うことがよくあります。そうしたとき、子供たちは道端で足を止めて校帽を脱いで「おはようございます」と気持ちよく挨拶を交わしてくれます。挨拶されると気持ちがいいものですし、元気よく挨拶する姿を見ると大人も見習わないと、という気分になりますね。

第４章　難産だった土曜授業全県実施、でも心は一つ

私の鹿児島在任中（特に1年目）で最も神経を使ったのは「土曜授業」問題であり、これをどう着地させるかが最懸案事項でした。着任して数日後にある市町村教育長に初めてお会いした際、開口一番、「土曜授業については導入を急ぐのではなく、慎重に対応するように頼む」、といきなりクギを刺されるほどでした。土曜授業全県実施に向けた障壁は何だったのか、そしてどのように合意形成を図っていったのか以下で述べたいと思います。

（1）国の検討状況

本題に入る前に土曜日の授業を巡る国の動向について簡単に見ていくことにしましょう。

私が小学生のころは、まだ土曜日は毎週半日授業が行われていました。土曜日の4時間目の時間が終わると、お昼で帰宅できるというだけでワクワクした気持ちになり、ランドセルを揺らして帰った後は「吉本新喜劇」を見ながら昼食をとっていたことを記憶しています。

さて、この土曜授業ですが、学校、家庭、地域が一体となって社会全体で子供を育てるという理念の下、１９９２年度以降、公立学校では学校週5日制が月1回、月2回と段階的に導入され、２００２年度に完全学校週5日制となりました。すなわち、２００２年度に土曜日の授業が日本の公立学校から完

全に姿を消したのです。その後、約10年が経過し、子供たちの有意義で豊かな週末の過ごし方として、各地域で多様な活動が活発になるなど成果も見られました。しかしその一方で、このような活動に積極的に参加している子供とそうでない子供のギャップも顕在化してきました。つまり、必ずしも豊かな土曜日を過ごせていない子供の存在が問題視されるようになってきたのです。

こうした背景から、２０１３年３月に文部科学省は省内に「土曜授業に関する検討チーム」を設置し、教育委員会関係者からのヒアリングや実態調査を行った結果、同年９月に出された「最終まとめ」の中で、学校の設置者の判断で土曜授業が実施しやすくなるよう法令改正を行うことが提言されました。「実施できるよう」ではなく「実施しやすくなるよう」と書いたのは、これまでも市町村など学校の設置者が「特別の必要がある場合」には土曜日に授業を行うことができたからです。しかし、導入が進まなかった理由の一つとして、「特別の必要がある場合」とされていた法令の解釈の幅が不明確で、土曜授業の導入に二の足を踏んだことが考えられました。そこで、この最終まとめを受け、文部科学省は同年11月に学校教育法施行規則を改正し、設置者が「必要と認める場合」は土曜日に授業を行うことができることが明確になりました。図４‐１は改正前後の同規則の条文の抜粋です。

図４‐１
改正前後の学校教育法施行規則の条文（抜粋）

【改正前】
第六十一条　公立小学校における休業日は、次のとおりとする。ただし、第三号に掲げる日を除き、特別の必要がある場合は、この限りでない。
一　国民の祝日に関する法律（昭和二十三年法律第百七十八号）に規定する日
二　日曜日及び土曜日
三　学校教育法施行令第二十九条の規定により教育委員会が定める日

【改正後】
第六十一条　公立小学校における休業日は、次のとおりとする。ただし、第三号に掲げる日を除き、当該学校を設置する地方公共団体の教育委員会が必要と認める場合は、この限りでない。
一～三　（略）

（2）モデル地域での土曜授業の実施へ

この法令の趣旨を踏まえれば鹿児島県内の市町村もそれぞれの判断で土曜授業の導入が可能になったはずですが、現場では簡単に進みませんでした。それはなぜでしょうか。

私の着任前にさかのぼりますが、国の最終まとめが発表された直後の２０１３年10月に行われた市町村教委が集まる会合で、義務教育課から土曜授業を話題として取り上げ、各市町村において月１回導入することについての可能性を問うたところ、慎重な意見が相次いだというのです。休業日を変更するという大きな方針転換をするわけですから、たとえ国の法令改正があったからといって、市町村教委としても、「はい、そうしましょう」というわけにはいかなかった事情はよくわかります。スポーツ団体等の行事も次年度の予定が既に決まりつつある中、拙速感は否めないこともあったと思いますし、教職員団体との交渉事項だということも理由の一つにあったと思います。そのため、このときは感触を探るにとどめました。

文部科学省では先に述べた検討チームの提言を受け、土曜授業を推進するために、２０１４年度の新規事業として「土曜日の教育活動推進プラン」を立ち上げました。そこで、義務教育課から、県内のいくつかの市町村に呼びかけたところ、土曜授業の導入に前向きな南さつま市と喜界町から手が挙がり、２０１４年２月に２０１４年度のモデル校として計３校（南さつま市立坊津学園小・中学校と喜界町立喜界小学校）を指定しました。そして、県教委教職員課では、モデル校での円滑な実施を進めるため、「鹿児島県学校職員の勤務時間に関する規則」を改正し、これまで勤務日の振替が前４週、後８週だったのを、前８週、後16週に変更し、土曜授業分の振替を夏季休業日などの長期休業日に行いやすくしました。

さらに、同月には義務教育課で、市町村教育長や校長、保護者代表らからなる「土曜授業に関する検討会」（以下「検討会」と表記）を立ち上げ、モデル校での実施状況の検証と、県内他地域に土曜授業を広げる場合の課題整理を行うことにしました。

（３）モデル校での取組状況

鹿児島における土曜授業の取組について稿を進める前に、土曜日の教育活動の形態についてご説明することにしましょう。

文部科学省では、土曜日の教育活動の形態を大きく分類して以下の図４‐２の３つに類型分けしています。このうち①だけが教育課程内の取組、すなわち、月曜日から金曜日までの授業と同様子供たちは休むと欠席となり、教員も勤務が必須となります。一方で②と③は教育課程外の取組であり、参加するか否かは子供や保護者の任意となります。実施主体が学校によるものが②、学校外によるものが③となっています。例えば、大分県豊後高田市《ぶんごたかだ》の取組「学びの21世紀塾」がよく知られていますが、これは教育課程外かつ教育委員会が主体ですので、③に位置付けられます。

では、鹿児島の土曜日の教育活動はどれに位置付けられるのでしょうか。本章で既に何度も「土曜授業」という言葉を用いてきたことからもおわかりのとおり、学校が実施主体かつ教育課程内の取組である①を指向するものです。教育課程内に位置付けた理由は端的に言えば、義務教育として全ての子供に学習機会を与え、一定の学力を保障すべきと考えたからです。詳細は本章の（４）で詳しく述べたいと思います。

図4－2　土曜日の教育活動の形態

①土曜授業　　……児童生徒の代休日を設けずに、土曜日を活用して教育課程内の学校教育活動を行うもの

②土曜の課外授業……学校が主体となった教育活動ではあるが、希望者を対象として学習等の機会の提供を行うなど、教育課程外の学校教育を行うもの

③土曜学習　　……教育委員会など学校以外の者が主体となって、希望者に対して学習等の機会を行うもの。主体が公的なもの（教育委員会等の管理下）と公的でないもの（地域の多様な団体、ＰＴＡ、企業、ＮＰＯ等）が存在

さて、先に述べたとおり、土曜授業に関するモデル校は南さつま市の坊津学園小・中学校と喜界町の喜界小学校の計3校にとなりましたが、この3校とそれぞれの教育委員会が一生懸命取り組んでくださいました。この2市町の努力が、後の土曜授業の全県展開の土台を作ってくれたといっても過言ではありません。

出口定昭南さつま市教育長自らがコンセプトを練り上げた南さつま市の坊津学園小・中学校では、2月のモデル校指定から4月までの限られた時間の中で、

①体験活動を中心にした「飛び出せ教室！　ノーかばんデイ」

②学力向上を目指した「学びを深める日」

③道徳教育など思いやりを育むための「心を耕す日」

という３本柱を打ち立て、年30コマ（土曜授業１回当たり３コマ×10か月）をこれらに落とし込んだカリキュラムを構築しました（図４‐３）。

週５日制が定着した中でいきなり土曜授業のモデルを作るのは学校としても容易ではありません。そのため、行政が明確なコンセプトを示し、学校はこのコンセプトを踏まえ、教育課題に基づきプログラムを作り上げるという役割分担です。

出口教育長に当時のお話を伺うと、国の動向を把握し、早い段階からご自身で研究され、構想を温め、市内全小・中学校でもシミュレーションを繰り返していたそうです。こうした水面下での仕込みがスピーディーな実施・展開につながったのは疑いのないことでしょう。この一例は、市町村教育長のリーダーシップや先見性、ビジョンが学校教育の推進にとって極めて重要な役割を果たすということを雄弁に語っています。

図４‐３　２０１４年度の坊津学園小・中学校の土曜授業年間計画

坊津学園ワクワク土曜授業　― 文科省土曜日の活用モデル事業 ―

（コンセプト　1:飛び出せ教室！ノーカバンデイ　2:学びを深める日　3:心を耕す日　他:その他）

月	日	学年	校時	授業	小/中	内容	外部連携	コンセプト 1	2	3	他
4	26	1～9	1	オリ, 登校班会議	/創	・土曜授業について ・登校班会議（教務・安全）					◎
		1～4	2	交通教室	/行事	・1～4年	・南さつま警察署 ・スクールガード ・交通安全協会 ・安全コミ	◎	○		
		5・6		砂像体験		・作家との交流	・観光交流課	◎	○	○	
		7～9		坊津学		・輝津館オリエンテーション	・坊津教育課		◎	○	
		1～4	3	子ども読書の日		・読み聞かせ	・そらまめ赤ちゃんの会			◎	
		5～9		交通教室		・5～9年コース 自転車の乗り方, 点検の仕方	・南さつま警察署 ・スクールガード ・交通安全協会 ・安全コミ	◎	○		
5	10	1・2	1～3	校区探険		・旧小学校区めぐり		◎	○		
		3・4	1～3	海に親しむ		・丸木浜海岸探索 ※雨天時（1～4年：前期レク）	・玉川大学	◎	○		
		5～9	1～3	砂の祭典		・砂像について学ぶ ※雨天時 （万世特攻記念館・金峰歴史館）	・観光交流課 ・砂像制作説明	◎	○		
6	28	1～9	1	絆の日		・チャレンジランキング大会	・坊津教育課 ・坊津町子ども会	◎		○	
		1～4	2	健康教室		・夏の水分補給	・大塚アカデミー		◎		
			3	学びを深める		・学力定着タイム 「漢字・計算」	・高校生部会		◎		
		5～9	2	学びを深める		・学力定着タイム 「鹿児島チャレンジ」 「鹿児島ベーシック」	・学力調査問題活用 ・B問題対応		◎		
			3	健康教室		・夏の水分補給	・大塚アカデミー		◎		
7	12	1～4	1～3	海に親しむ		・浜遊び（1～3） ・釣り体験（4）	・保護者 ・釣鯖会 ・漁協	◎	○		
		5・6		海洋体験		・B＆G ・救急救命	・坊津教育課 ・消防署	◎	○		
		7・8		地域ボランティア活動 水難事故防止学習		・地域清掃活動（海岸） ・海での事故を防ぐ方法	・NPO鹿児島の渚を愛する会 ・消防署	◎	○		
		9		ダイビング体験		・プールでダイビング ・救急救命	・水産高校	◎	○		
0	£7	1～9	1	小中一貫デー		・中学生が先生 1～6年（1学期の復習プリント）			◎	○	
		1～4	2・3	坊津学		・輝津館見学		◎	○		
		5～7	2	小中一貫デー		・中期ブロック交流会			◎	○	
			3	学びの日		・上半期学習の復習			◎		
		8・9	2・3	中高連携授業		・高校模擬授業 2校時（普通科系：数学, 英語）加世田・鳳凰 3校時（コース別）水産・枕崎	・加世田高校 ・鹿児島水産高校 ・枕崎高校 ・鳳凰		◎		
10	25	1～4	1	坊津学		・検定問題作成	・輝津館		◎		
		1～4	2・3	プレ学園祭		・演目練習 ・作品鑑賞			◎		
		5～9	1・2	坊津学		・輝津館歴史教室（大学の先生の授業） ・子ども学芸員認定式	・輝津館	○	◎		
		5～9	3	プレ学園祭		・演目練習 ・作品鑑賞		○	◎		

（出典）鹿児島県教育委員会ホームページ

「土曜授業はカリキュラムエンリッチメント（カリキュラムを豊かにする取組）につながる取組だ」は出口教育長がよくおっしゃる言葉ですが、まさに土曜授業導入の趣旨を的確かつ端的に表現されていると感じています。県内のほかの地域と同様に少子化にあえぎ、学校統廃合が進む南さつま市では、学校と地域のつながりをより強固にしたい、そのため、土曜授業を一つのきっかけにして、学校と家庭、地域の紐帯を強めたい、という意思がにじみ出ています。

また、鹿児島から380キロ南方に浮かぶ喜界島の喜界小学校では、「生活アンケート」を実施したところ、子供たちは、ゲームやテレビの視聴に多くの時間をとられたり、土日で生活リズムが乱れたりする実態が明らかとなりました。また、保護者の多くが一次産業従事者であるため、夫婦共働きで土曜日に家を空ける家庭が多く、子供の居場所を確保することも大切です。そうした背景から、これまで以上にきめ細かい指導を行い、子供たちに向き合う時間を確保し、学力を保証するためには、土曜授業の実現が不可欠である、との結論に達し、モデル校で試行的に実施することになりました。

喜界小学校では、以下の3つのコンセプトに従って教育課程を編成しました。

①時数確保による教科学習の充実と基礎的なスキルに習熟する学習の実施
②土曜日に実施することのよさを生かした学校行事等の実施や授業参観
③総合的な学習の時間等における外部人材や地域の学習素材の活用

右記のとおり、喜界小学校の土曜授業のねらいは極めて明快です。補充学習を充実・徹底し基礎学力を定着させるとともに、地域人材の協力により総合的な学習の時間等の内容を充実させるというものです。

学校の先生方の工夫も光るものがありました。土曜日に体験活動の時間を組み込むことで、平日は移動や準備を伴わない教室での授業に腰を据えて行うようにしたり、土曜授業を行う分、平日に空き時間を設け、そこで児童と向き合うために個別の補充指導や教育相談を行ったりしたのです。カリキュラムマネジメントの視点から教育課程全体を見渡して教育の質を高めていると言えます。

さて、モデル校での取組は保護者や地域の方からの期待を背負って始まりましたが、子供や保護者、教員の受け止めはどうだったのでしょうか。３校の実施状況はおおむね以下のとおりでした。

まず、児童生徒は、

・平日の授業にはない体験活動に取り組めるので土曜授業が楽しみだ
・苦手な算数にじっくり時間をかけて取り組むことができ内容を理解することができた

と学習内容をきちんと習熟できたことの喜びや、学びへの意欲の向上につながったことなど土曜授業を肯定的に捉えている様子が見られました。

また、保護者からは、

・家庭ではできない体験活動に取り組んでもらえることに感謝している
・学力向上のために土曜授業で習熟を図る授業の工夫に期待している

など教育の中身に期待を寄せる声が聞かれました。

最後に、教員からは、

・地域の支援員の方が学習支援をしてくれることで、できなかった問題ができるようになり、学ぶ喜びや学習意欲の向上を実感している
・土曜日に習熟の時間を確保できたことで基礎基本の確実な定着につなげることができた

と、地域の方の参画による手厚い指導の実現や学びの深まりに対する手応えを感じているようでした。

このように、モデル校での取組は、当初は手探りの面がありましたが、回を重ねるにつれて関係者の理解も深まってゆき、結果として、1年間を通じて大きなトラブルもなく、よいかたちで終えることができました。義務教育課では、モデル校での取組を横目でみながら、土曜授業を県全体でどう進めていくべきか急ピッチで検討を進めていくことになりました。

(4) なぜ土曜授業を導入する必要があるのか

検討会での実質的な議論は2014年6月から開始し、(3)で示したモデル校の取組について随時、報告を受けながら、モデル校の取組にとどめるのか、鹿児島県全体に土曜授業を広げるのか、仮に広げるにしてもどのように進めていくか、などについて熱心な議論を行っていただきました。

検討の当初から一致していたのは、検討会メンバーである市町村教育長、学校長、保護者代表のいずれの委員も土曜授業導入を強く望んでいたということです。各委員、そして私たちが土曜授業を導入すべきと考えた理由は以下の3点に集約されます。

まず第一に、鹿児島県の子供たちも他県と同様、土曜日を必ずしも有意義に過ごせていない実態がありました。もちろん、各市町村や各団体の方々のご尽力により、完全学校週5日制の導入前後を比較すると、自然体験やスポーツ等に関する取組は、74事業(2001年度)から166事業(2002年度)に急増[1]しており、子供たちにさまざまな体験の場が提供されてきたのは事実です。

しかしながら、土曜日の過ごし方についてのアンケート結果を見てみると、2002年度と、完全週5日制から10年以上が経過した2013年度の比較では、小学生は「習い事やスポーツなどの参加」「テレビやゲーム」が増加し、中学生では「テレビやゲーム」が増加しているのです[2]。また、小・中学生のいずれも「家族と過ごしている」と答えた子供は１割前後に過ぎないという結果も出ています[3]。つまり、週末はゲームや、友達との遊び、部活に明け暮れ、家庭や地域との連携が十分に図られぬまま週末が過ぎている、という実態が浮き彫りとなったのです。

そもそも鹿児島県内には、学習塾などの学校外での学びの場が一部の大きな自治体に限られており、学校の学習面で果たすべき役割は首都圏や関西圏など都市部に位置する他県のそれよりも相対的に高いのが特徴です。また、就業構造も都市部とは大きく異なっており、サラリーマン家庭よりも週末も仕事に従事する自営業家庭が多く、また、経済的に厳しい家庭も少なくありません。ですから、子供たちを家庭や地域に帰す理念の下に進められた学校週５日制ですが、実態としては、家庭でも十分に子供と向き合う時間が確保できない事情がありました。月曜日から金曜日までの５日間、学校で学習をしても、土日の２日間が抜け落ちてしまうので、翌週になって前の週に学んだことを忘れている、定着が不十分になっている、月曜日の朝は学習モードに切り替えるのに時間がかかる、といった声を教員からよく聞きました。土曜授業の導入はリセット期間を短縮し、子供たちに学習習慣を身に付けさせるとともに、学習内容をきちんと定着させ、また、興味関心のある分野を伸ばす、といったさまざまな面で有効な方

1　２０１５年第１回定例会（２０１５年３月３日）における藤崎剛議員の質問に対する教育長答弁より。
2　脚注１と同じ。
3　２０１３年度全国学力・学習状況調査の児童生徒質問紙の結果より。「土曜日は何をして過ごすことが多いですか」という質問に対し、「家族と過ごしている」と回答した子供は、小学生が午前12・３％（全国16・０％）、午後12・５％（全国15・２％）、中学生が午前３・２％（全国３・９％）、午後７・５％（全国７・２％）。

策だと考えました。

第二に、これまで述べてきたとおり学力の課題があります。土曜授業を導入したからといって学習の定着が目覚ましく進むとはいえないかもしれません。しかし、教員に時間的な余裕が生まれ、子供たちと向き合う時間を確保できる、教材研究を行い授業改善が進むなどの効果が期待できるでしょう。学校からは、やや詰め込み気味だった教育活動も、土曜授業が導入され授業時数が増えれば、教科等の活動でゆとりを持って指導できる、あるいは、単元の学習をもう少し掘り下げて指導できる、といった声も耳にしました。これらを踏まえると、土曜授業をきっかけに学校の教育課程全体の見直しを行い、最終的に子供たちにプラスの効果をもたらすものといえるのではないでしょうか。

第三に、これは学校現場からですが、持久走大会や文化祭などの学校行事にかける時間がやや窮屈になっており、週5日の授業時数では十分な効果をあげるのが難しくなってきたとの声が聞かれました。学校行事も子供たちが達成感を味わったり、自己肯定感を育んだりする重要な学習活動です。土曜授業の導入で新たに生まれる時間を有効に活用すれば、子供たちが学校生活でこれまで以上に生き生きと活動することができるのではないでしょうか。

これら土曜授業を導入して考えられるメリットに照らせば、県下の市町村で土曜授業の導入が進むよう、県として環境整備に向けて早急に検討するべきこと、その大前提として、義務教育として教育の機会を保証する観点から、本県では学校の教育課程内の取組として土曜授業を早期に導入すべきであることが各委員の総意として示されました。

また、委員からは、「各市町村がばらばらに導入して土曜授業の実施日が異なるのはよくない」「スポーツ少年団や各種の大会、行事等の調整が難しく、授業を欠席する子供が増えたら本末転倒である」との意見や、「実施するならモデル校と同様に第2土曜日がよいのではないか」という提案もいただきました。第3土曜日は1982年から県の「青少年育成の日」に定められていること、第1及び第4土曜日は年度や学期の始期や終期と重なることが多いことから第2土曜日が導入しやすいという理由です。

また、「最終的には各市町村が足並みをそろえ、県下一斉での導入を目指すべきではないか」といった意見もあり、できれば県下全域に土曜授業が広がるよう合意形成を図っていくよう注文が付けられました。これらを総合し、以下の方針で検討を行うことになりました。

・教育課程に位置付けた土曜授業を各市町村で導入できるよう環境整備を行う
・具体的には原則月1回、第2土曜日を土曜授業の実施日とし、全市町村の導入を目指す
・土曜授業にどのような学習活動を行うかは現場の裁量に任せる

(5) 関係機関との調整に奔走

そして、検討会で示された方針を踏まえ、2014年7月から舞台は市教委との調整に移りました。市教委幹部が集まる会に足を運び、検討会での途中経過を報告し、私たちの考えを伝え、協力を求めることにしました。私と中野均指導監（当時）が、前面に立って説明を行ったのですが、説明した瞬間から会場内は重苦しい雰囲気に包まれました。

そのとき出された主な意見としては、「県として学校週5日制の総括を行うべき」「土曜授業のメリットは何なのか」「土曜授業を導入する趣旨として学力向上を明確に打ち出すべきだ」「拙速に導入を急ぐ必要はないのではないか」「やるのであれば次年度の方針を早く示してほしい」「関係団体との調整はど

うなっているのか」など。各市町村の教育行政の責任者であり、常に地域の教育の推進に全力を注いでいる教育委員会としては当然の反応ですし、教育への熱い思いがあればこその意見だったと思います。さまざまな角度や立場からの意見が相次ぎ、思いのほか厳しい感触でしたし、私たちも十分な理論武装をしていなかったことは反省点でした。

ご意見の多くを預かり、早速、市教委の感触を上司に報告し、今後の進め方について相談しました。そうしたところ、我々が進めている方向性は間違っていないと全面的にサポートいただくとともに、県民の声も聞いた方がよい、との示唆をいただきました。鹿児島には県政アンケートモニター制度という仕組みがあり、毎月、特定のテーマで県民の声を聞くことができるのです。検討会に保護者代表が入っていたので十分だと思っていましたが、確かに県民からの後押しがあれば導入の根拠の一つにもなりますし、市教委にとっても学校関係者や地域の方に対する説得材料となるに違いありません。沈着冷静で先を見通した県教委幹部の判断に頭が下がる思いでした。大至急、担当部署と調整したところ、9月実施の調査に反映させていただくことに決まりました。

並行して、市町村教委に納得していただける材料を収集し、ストーリーを構築したり、関係団体への説明に回ったり、主要な市町村教委を訪問したりと7~9月は鹿児島県内各所を奔走する日々を過ごしました。

その結果、明るい兆しとしては、スポーツ団体や社会教育団体などの関係団体の感触はすこぶるよく、土曜授業の重要性を十分理解いただいたことです。ただし、通常、遅くとも半年前には次年度の会場を抑えなくてはならず、第2土曜日を外すべきかどうか、次年度の計画を立てるためにも早く方針を示してほしい、との意見を頂戴しました。このように関係団体との調整に目途がたったため、残された市教委との合意形成に全力を注ぐことにしました。

8月に再び市教委に説明を行いました。この日は午前中に学力調査の重たい記者会見を終えた後でしたが、市教委との合意形成のためには先送りするわけにはいかない、と強い心で臨みました。関係団体との調整状況を説明するとともに、前回、学校週5日制の総括を強く求められましたので、データを示しながら丁寧に説明を行い、土曜授業導入に向けた環境整備にご協力いただくよう再度求めました。合わせて、県政アンケートモニターを実施する予定であることを報告いたしました。

その結果、大きな異論はなく、今後、詳細を詰めていくことについて大筋ご了承いただくことができました。このときは、学校の教育課程編成に間に合うよう、10月をゴールに設定し、それまでに合意をとりつけるつもりでした。会場を後にしたとき、ギラギラと照り付ける太陽を見上げながら、前回から一歩前進しほっとしたことを覚えています。

しかし、その後も紆余曲折は続きます。

9月は予算・定員要求の調整に忙殺され、議会も始まりあっという間にひと月が過ぎ、デッドラインである10月になりました。県としての方向性を示すべきリミットが迫ってきたことから、各市町村に発出する通知の案文を市教委の関係者に示したところ、議論百出しました。

意見は大きく2つに割れました。「原案ではなぜ今、土曜授業を導入するのかが曖昧」「大義名分をしっかり明記すべき」「学力に課題があるから土曜授業を導入するということを前面に打ち出すべき」「土曜授業で行う内容も学力向上に特化すべき」と通知文中に今回、土曜授業を実施するに至った背景を具体的に書くべきという意見と、「県が現場を縛りすぎるのはよくない」「学力向上だけが土曜授業を導入する理由ではない」「土曜授業で何を行うかは学校現場に裁量があるので具体的に書くべきではない」と市町村の裁量を持たせ通知文には具体に記載しなくてよいとの意見が出され、真っ向からぶつかり合う恰好となりました。加えて、「県がリーダーシップを発揮して早く方針を現場に下してほしい」という意見や、さらには「合意形成できないなら、モデル校でもう1年やってみて、来年度じっくり調整してはどうか」という振り出しに戻りかねない意見まで出される始末。

私としては、２０１４年度内に方針を示し２０１５年度から土曜授業を実施するのは絶対に譲れない一線でした。土曜授業の実施が不調に終わることにより、学べたかもしれない内容が十分に学べず、定着したかもしれない学習が不十分なまま次の学年に進学していく子供の姿を思い浮かべると、何としても交渉をまとめ上げなくてはと自らを奮い立たせました。

通知文がまとまらない以上、現場に伝達する術がなく、混沌とした状況ではありましたが、そのような中でも「実施するなら足並みをそろえて全市町村で」という空気が市教委の中で醸成されてきつつありました。

ちょうどそのころ、上司の指示で実施した県政アンケートモニターの結果速報がまとまりました[4]。

結果は、8割超の県民が土曜授業を「実施した方がよい」と

図４－４
２０１４年度第６回県政
アンケートモニター調査結果より

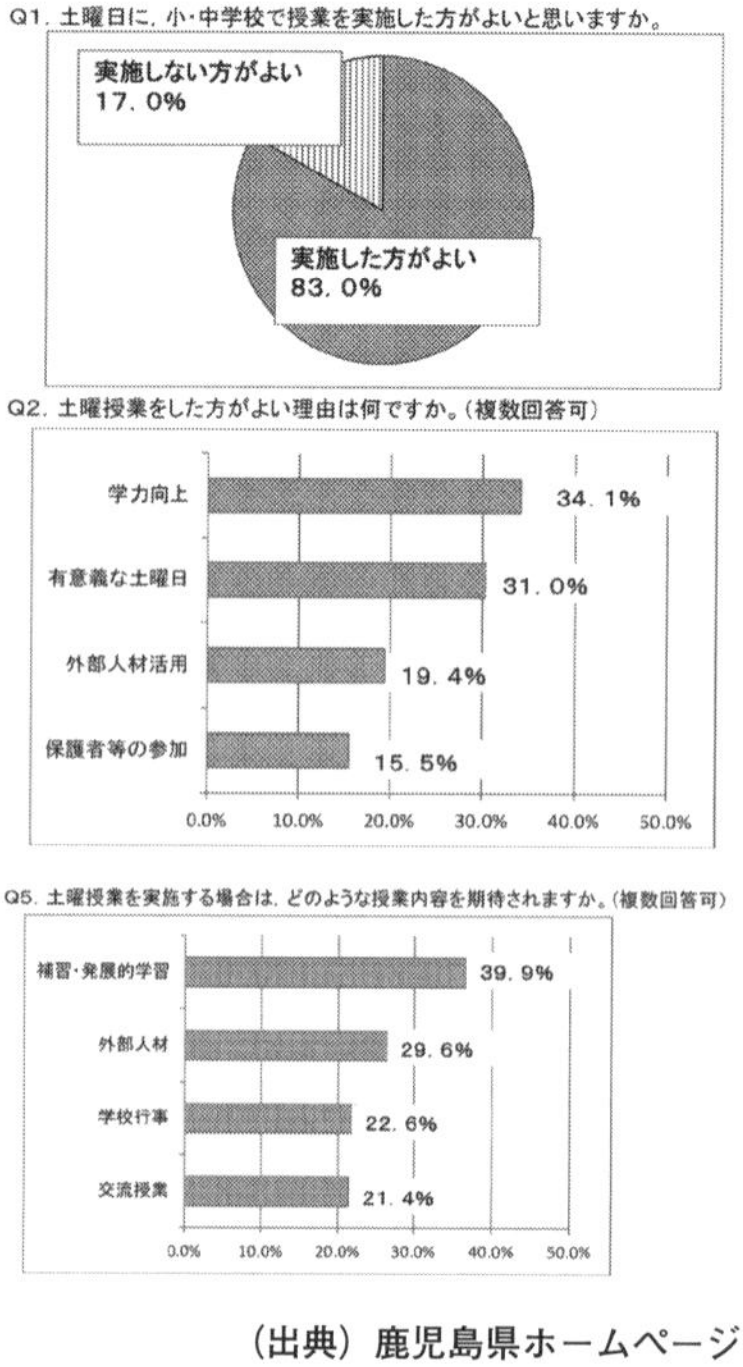

（出典）鹿児島県ホームページ

回答。実施理由としては「学力向上」が最も高く、期待する授業内容では、7割が「補充・発展的学習」と回答するなど、私たちが進めようとする方向性を後押しするものであり、一歩ずつゴールに近づいているような気がしてきました。

そして10月8日には県の教育委員会定例会に初めて一連の土曜授業の検討状況を報告し、方向性について了承をいただきました。後は県政アンケートモニターの結果などを基に、通知文案に納得されていない教育長らと膝を突き合わせ、調整を終えれば、月内にも通知が出せるはずだと確信していました。ようやく光明が見いだせたかに見えた矢先、思いもよらないような事態が起きてしまいます。10月9日の新聞1面に「土曜授業全小中導入へ」と掲載されたのです。前日の定例会の模様を記事にしたものですが、その内容は会議資料に書かれていないことまで報道されたのです[5]。その後、後追いで全国紙にも次々に報道されていきます。

私はその日、折り悪く出張のため移動中だったのですが、留守を預かっていた中野指導監から「大変なことになりました。今すぐ新聞を見てください」と震える声で一報が入り状況が呑み込めました。その日の朝のうちに主要な市町村教育長に指導監から電話連絡を入れたり、電話している最中に別の教育長から電話がかかってきたり、その合間に県庁幹部への報告や新聞社への抗議など対応に追われました。また、何人もの県議からも電話がかかり「何も聞いてないがいったいどういうことなんだ」とお叱りを

4　「『公立小・中学校における土曜授業』について」をテーマに２０１４年９月に調査を実施。調査対象者２００人に対し１４１人の回答を得た。

5　会議資料では、今後の方向性として「県下で土曜授業が実施できるよう条件整備」と記載していたところ、全小・中学校で土曜授業を導入することが決まったかのように報道。

受け、急いで説明に行き、ご理解をいただきました。

10月下旬に行われた市教委との意見交換の場でも、出席者から、「これで合意の時期がさらに遠のいた」「現場はかなり動揺している。混乱の責任はどう取るのか」といった厳しい意見が出されました。市町村の立場からすれば当然の反応だと思いますし、職場にも沈鬱とした雰囲気が漂っていました。しかし、私としては、こうなった以上、土曜授業の実施はある意味、既成事実化したわけだから、もはや腹をくくってやるしかない、と考え、同僚を鼓舞し続けました。また、上記で述べた新聞記事のトーンが土曜授業の導入に好意的だったことは幸いでした。県民の期待に応え、是が非でも年度内に決着をつけなくてはならないと気持ちを切り替えることにしたのです。

現場を混乱させてしまった責任は私にありますので、市町村の教育長には素直に、至らなかった点を謝罪しつつ、その一方で、通知文案については早急に関係市教委と詰める必要がありました。次年度の教育課程を編成するために残された時間はあとわずかです。

この後、何度も関係市教委の元に足を運び膝詰めで相談し、文案を修正し、電話で検討状況を報告し、また文案を手直しすることを繰り返しました。そしてようやく終局を迎えるときがやってきました。

通知の前文に、土曜授業導入の背景として、国の法令改正、土曜日の過ごし方に次いで柱立ての3つ目に学力の課題を記載し、「学力向上をはじめとする教育課題」に対応する等のために土曜授業を含めた教育課程全体の見直しを行うことは有意義であると明記することで市教委との調整が決着しました。

このとき、11月も下旬になっていました。

（６）通知の発出と全市町村で実施の意向表明

２０１４年12月３日。永遠に続くのではないかと思われた長い調整を経て、県教委義務教育課から各市町村宛の通知を発出することになりました。ガイドラインの意味合いの強いこの通知に基づいて各市町村は域内の小・中学校との調整を開始し、土曜授業の実施に向けた正式な検討が行われることになったのです。新年度に余裕を持って通知が出せるよう、各方面との調整や内部での検討を急いだつもりですが、結果的に通知を出すタイミングが遅くなり、現場に負担をかけてしまったことは率直に認めなくてはなりません。

しかし、どの市町村も子供たちのために何ができるか、という思いは一つで、現状の学校教育や子供たちの学びに共通の危機感を持っていたということが一連の土曜授業導入の過程で見えてきました。それをよく表しているのが、２０１５年２月に各市町村に対して行った土曜授業の導入についての意向調査の結果です。２０１５年度中に、全43市町村が、域内の全小・中学校で土曜授業を導入する、と表明したのです。２００４年に土曜日の授業が全国から姿を消して以来、全国で初めて全県下で土曜授業が復活した瞬間でした。

「鹿児島は、動くときは県内市町村が心一つに動く」と検討会で委員から言われた言葉を思い出しました。鹿児島には「義を言うな」という言葉があります。侃々諤々議論を行った結果、まとまった方針には絶対に蒸し返さず従うもの、という意味です。どの教育長も教育に強い信念をお持ちであるが故に、私たちと意見の相違が見られることも多々ありました。しかし、じっくり議論し、合意を得た後はノーサイドです。ついに山が動き、子供たちは最大年間30コマ分の学習の機会を得ることができたのです。

この通知の中で、私たちが最も思いを込めて盛り込んだ言葉は、「土曜授業を含めた教育課程全体の見直し」というフレーズです。学校現場では、コマ数が増える土曜日だけに着目して、どの活動を充実させようか検討するのではなく、月曜日から土曜日までを含めた全ての教育課程を今一度点検し、土曜日の授業時数を意味のあるものにしてもらいたいと考えているのです。そうすることで平日の教育活動の充実にもつながるものと考えています。

小・中学校における土曜日の授業実施に係る留意事項等について（通知）（抜粋）

（平成26年12月3日）

1　基本方針

（1）土曜授業を含めた教育課程全体の見直しを行い、児童生徒一人一人の生きる力を支える確かな学力、豊かな心、健やかな体の調和のとれた育成を重視し、各学校の教育課題の解決に努める。

（2）児童生徒の発達の段階を踏まえ、一人一人が達成感を味わい学習意欲の喚起を図るための学びの場の拡充により、主体的に考え、判断し、活用できる力の育成を目指した工夫ある授業改善に努める。

（3）実施にあたっては、保護者、地域住民、関係団体等との連携を強め、土曜日に実施することの利点を生かすなど、社会全体での教育力の向上にも努める。

2　実施上の留意点

（1）授業は土曜日の半日単位で、月1回程度（原則第2土曜日）とし、教育課程に位置付けること。

（2）～（4）（略）

（7）土曜授業の効果

早い学校では2015年4月から、遅いところでは10月から土曜授業がスタートしました。学校訪問すると必ず土曜授業の受け止めを聞くようにしていますが、おおむね好意的に捉えていただいているように感じています。

教員からは「時間にゆとりができ子供のつまずきに対処できるようになった」「授業時数に余裕があれば実施したかった教育活動が可能になった」、保護者からは「学校に行く回数が増え学校がより身近になった」などの意見が多いように感じました。

さて、土曜授業導入の効果については、導入後、間もないこともあり県全体では把握できていませんが、市町村レベルでは、2014年度からモデル校で土曜授業を実施してきた南さつま市が児童生徒、保護者、地域を対象にアンケート調査を行っていますので、その一部についてご紹介しましょう。（図4‐5～4‐8はいずれも南さつま市教育委員会提供資料）

図4‐5のとおり、子供たちは「飛び出せ教室」の満足度が高く、平日の授業ではあまり体験できない教育活動に肯定的な回答を示しています。一方、中学校の「学びを深める」の満足度は低いため、平日の授業とのつながりを意識した指導や授業改善による工夫が今後は必要となるでしょう。この傾向は

図4－5　よかった学習（児童生徒）

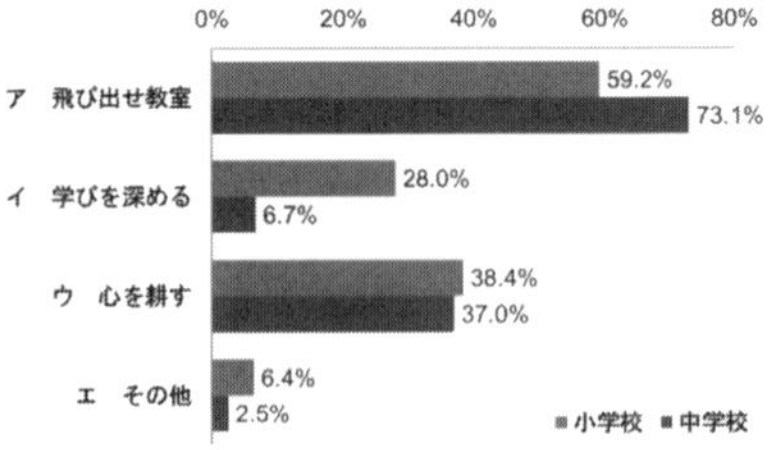

図4－6　土曜授業で望むこと（保護者）

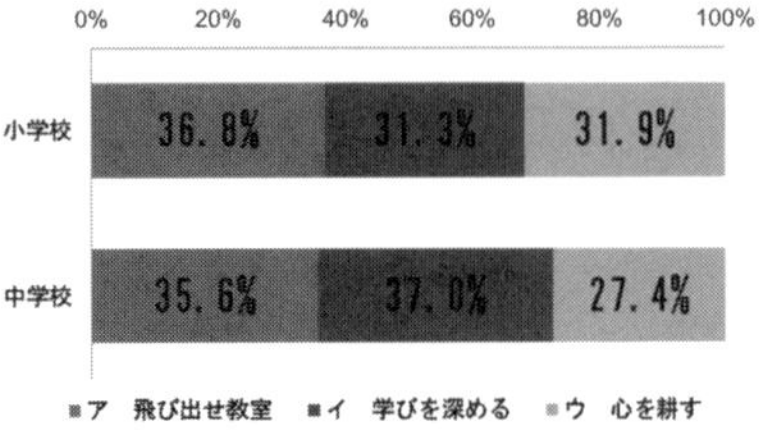

図4－7　土曜授業について（保護者）

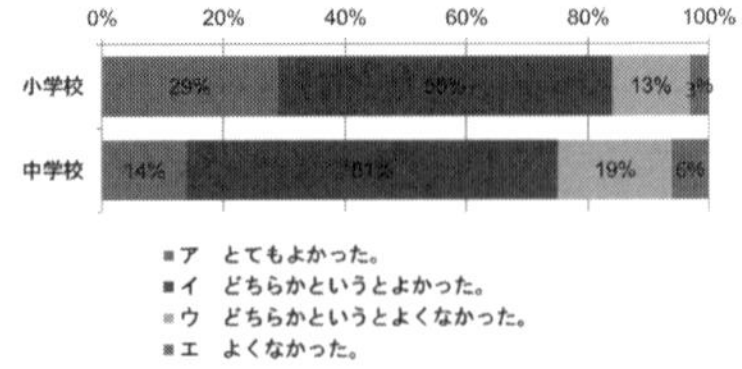

図4－8　土曜授業に参加したか（地域）

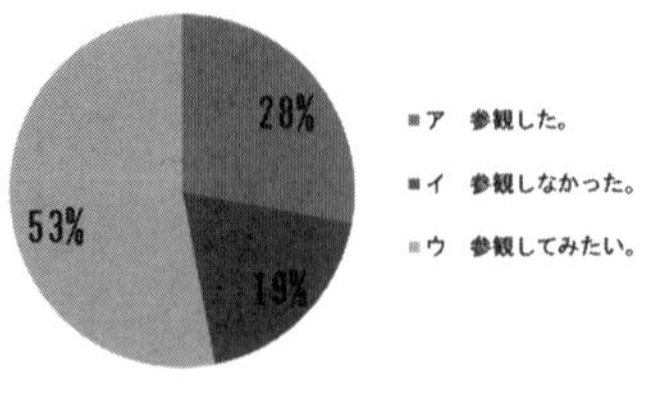

（出典）南さつま市教育委員会提供資料

保護者では大きく異なり、図4・6に示すとおり、土曜授業に望むものとしては、ア～ウがほぼ同程度の値となっていることから、体験活動、学力向上、道徳教育をバランスよく学ばせてほしい、といった希望を持っていることがわかります。

また、保護者の受け止めは図4・7から明らかなように、小・中学校いずれも8割がよかったと回答しており、土曜授業の取組におおむね満足している様子がうかがえます。

地域の方も、ほとんどが好意的で、土曜授業を「参観した」「参観してみたい」と答えた方は8割にのぼり、土曜授業実施のおかげで地域の方にとって学校がより身近に感じられたことが読み取れます。

南さつま市では、これらのアンケート結果を踏まえ、子供、保護者、地域いずれも、土曜授業について理解が進んでいること、カリキュラムの3つのコンセプトをバランスよく行うことは理解されているが、学力向上を望む保護者の声にも対応しつつ、実施割合については検討を加えること、地域の方のもっと土曜授業に参観したいとの希望に照らし、地域人材の発掘や広報の充実を行うこと等について考察しています。

このほか、土曜授業導入による副次的な効果もありました。先生方からよくお伺いするのですが、土曜日の昼に学年部や主任などが集まって一緒にご飯を食べるのが毎月の定例になり、そこで、情報交換が活発にできるようになり、風通しがよくなったというのです。実は、土曜の午後を先生方の相互交流に使ってもらいたい、ということは当初からの隠されたねらいの一つでしたし、土曜授業の導入のために奔走した原動力の一つでした。土曜授業を導入する利点として教員同士の交流の深まりを挙げる例は、県外でも報告されており[6]、長い目で見ると大きな効果をもたらすに違いありません。

こうして、週５日制導入前には当たり前に見られた「あのころの光景」が土曜授業の導入によって蘇ったのです。教師の業務の多忙化により、平日にじっくり話し合う時間が確保しづらくなっていることはよく聞かれますが、教員同士がコミュニケーションを取ることは極めて大切です。いわゆる「同僚性」が強固なものになると学校の組織力も高まり、ひいては子供たちにとってもプラスに働きます。

これまで見てきたように、鹿児島で導入されている土曜授業は多くても年間10回、30コマ分ですから学校現場に劇的な変化を起こすとまではいえないかもしれません。

しかし、土曜授業の導入によって、教員自身にゆとりが生まれ授業が少しよくなる、子供に対しこれ

6　『教育ジャーナル』（学研、２０１６年11月号）には、葛飾区の土曜授業の取組「葛飾教育の日」が取り上げられており、その中で「若い教員などは、仲間で昼食をとって、戻ってきて教材研究をやっている」事例などが紹介されている。

までよりも目が行き届くようになる、保護者や地域の方の学校への関わりが少し増える、子供の学ぶ意欲が前以上に沸いてきて、学校で新しいことを学べるのではないかと期待が高まる、こうした小さな積み重ねが、県全体で見ると大きな変化になることでしょう。そして、先ほども述べたように、これを機に教育課程全体を見直し、点検することを通じ、県下の学校の学校教育活動の質を今まで以上に高めることができるのではないかと確信しています。土曜授業の試みはまだ始まったばかりです。さまざまな工夫改善事例が現場発で取り組まれることを期待しています。

最後に、本章でも言及させていただきましたが、土曜授業の全県実施に文字どおり心血を注ぎ、各教育事務所長や市町村教育長との調整をされていた中野均指導監（当時）が、土曜授業の通知を発出した直後の２０１４年12月末に病に倒れ、翌年６月に逝去されました。亡くなる数日前に課の職員と見舞いに行った際にも、土曜授業の導入を機に各学校において教育課程全体を点検する機会にしてもらいたい、と熱く語られたほどの信念を持って土曜授業に対応されていました。土曜授業に限らず、常に現場への温かいまなざしと情熱を持って仕事に当たられていた方で、私たち同僚にとっても大変残念なことでしたし、ご本人にとっても、土曜授業の実施を見届けることができず本当に悔しかったに違いありません。この土曜授業の導入は中野指導監の尽力なくしてはなし得なかったものです。残念ながら中野指導監は病に倒れられましたが、指導監の思いは確実に現場に根付いています。私としても、土曜授業の鹿児島モデルを全国に発信していくことで指導監の遺志をしっかりと伝えていきたいと考えています。

コラム

筆まめな鹿児島の先生方

ＩＣＴが発達し、今や仕事やプライベートで相手と調整する際にはメールやＳＮＳが主流とはいえ、手紙をいただくのは嬉しいものです。

鹿児島在任中は、実にたくさんのお手紙を頂戴しました。差出人は、私が訪問した学校の校長先生や、市町村の教育長、ＰＴＡの方々です。本来は学校を訪問させていただいた私の方からお礼を言うべきなのに、訪問の翌日や二日後には職場のデスクに手紙が届いているのです。

その中には、訪問への感謝や訪問後、自分（校長）から教職員に語った言葉、先生方が前向きに取り組んでいる様子、学校をどういう方向に持っていこうと考えているか、私へのエールなど、限られたスペースに思いがびっしり書かれていました。こうした手紙を頂戴するたびに、皆、教育にかける思いは一つなんだと勇気付けられるとともに、鹿児島の方が、いかに人と人のつながりを大切にされるかを実感しました。

かくいう私は筆不精なので、手紙のお礼を大抵、電話で済ませてしまうわけですが、鹿児島の方から学び、少しずつ手紙を書く頻度を増やしていきたいと考えています。

第5章　攻める広報とキャッチフレーズで南北600キロをつなぐ!

この章では、第3章、第4章で取り上げた取組のほかに、在任中に力を注いだいくつかの施策を扱いながら、広域県鹿児島の学校教育の充実にどのようなアプローチで取り組んできたかをご紹介します。

(1)「チーム鹿児島」をキャッチフレーズに

鹿児島で教育行政に関わり、学校訪問や各種会議、研修会などで多くの先生方や行政関係者に会うたびに感じることがありました。立場は違えども、子供たちが自立できるよう、義務教育段階でしっかり学力を身に付けてやりたい、個々の子供たちが潜在的に持っている可能性の芽を伸ばして社会に送り出してやりたい、といった共通の思いを持っているということです。表現の仕方は違ったとしても思いやベクトルは同じなのです。

その一方で、どこか、ちぐはぐで歯車がかみ合っていない印象を持ったのです。また、県教委の施策が現場に浸透し、県教委と現場が十分に意識合わせできているか、と問われれば、胸を張って「Yes」と答えるのは難しい状況でもありました。

そこで、教育関係者やそうでない方も含めて、学校教育におよそ関係する方々をつなぎ合わせるキャッチフレーズとして考え付いたのが「チーム鹿児島」です。

幼・小・中・高等学校、特別支援学校、市町村教委などの行政、鹿児島大学や志學館大学などの大学、保護者、地域、企業やＮＰＯなど。これらの方々と同じチームとして、鹿児島の学校教育をよりよくするために、問題意識を共有し、連携を深め、同じ方向に向かっていこうと考えたからです。

大学や地域、企業がなぜチームの一員になるのか。大学については、教員養成課程をはじめとする学部等で、将来の教員として教壇に立つ学生たちに日々教育を行っており、県教委のさまざまな施策の立案にも有識者として深く関わっていただいています。また、いうまでもなく学校は地域の核です。地域の方の支えなくして学校運営は成り立ちません。鹿児島の地方部に行けば行くほど、学校がいかに地域にとって重要な拠点施設であるかがよくわかります。企業については、子供たちが将来の就職先になる可能性のある組織ですし、鹿児島では多くの企業関係者の方が小・中学校や高校に足を運び、手弁当で出前授業を実施してくださったり、後述する教員の研修受け入れ先としても協力をいただいています。例えば、経済同友会の教育・人材育成委員会元委員長で、公私共にお世話になった川崎恭資氏（株式会社ベインターかわさき代表取締役社長）は、実際にドローンを用いて、新たな世界を子供たちに見せる授業や、学生時代に世界旅行をした経験から得たものについて語る授業など、県内各地の学校へ赴き、子供たちの知の地平を広げるきっかけづくりを精力的に行っています。

私は、学校と学校外の関係者の紐帯をもっと強めていきたいという思いで、学校教育関係者、ＰＴＡ、企業関係者に対して、「チーム鹿児島」という言葉を、あらゆる場で、何度も述べさせていただきました。その結果、会議や懇親会などで関係者にお会いすると「チーム鹿児島、いいですね」「チーム鹿児島の一員として頑張ります！」といった前向きな声を聞き、行政と現場の心理的な距離が近づいたような気がしました。

もちろん、キャッチフレーズだけでは教育がよくなるわけでも、何かが進むわけでもありません。県教委としては、現場の先生方にとって真に必要な施策を届け、先生方が口ずさめるくらいポイントを絞った重点的な指導事項をお伝えし、現場との課題の共有を図る努力を続けなくてはならないでしょう。学校にとって身近な存在としての県教委でありたい。その思いをいかに体現していけるかが、これからの県教委の最大の課題であるといえるでしょう。

（2）特別支援教育先進県を目指して

特別支援教育の現状については、第2章でもデータを用いながら、教育行政の中でも特に重要性が急速に増している分野であることを紹介しました。

第2章のおさらいになりますが、特別支援教育と言ったときには、二つの意味合いがあります。小・中・高等学校の文脈なのか、特別支援学校の文脈なのか。私がいた2年間は、前者の高校における特別支援教育以外は全て義務教育課の所掌でした（2016年度より高校教育課から義務教育課特別支援教育室に所掌が移管）ので、基本的に県内の特別支援教育に関することは義務教育課が担当していました。

特に特別支援学校については国立の1校を除き全て鹿児島県立ですので、通常、教育事務所や市町村教委を介してやりとりする約750校の市町村立の小・中学校よりも、県内16校の特別支援学校の校長先生とは格段に距離感が近く、何か困ったことがあれば、特別支援教育担当の指導主事や私のところに気軽に相談できる関係が構築されていました。

特別支援教育については、例えば特別支援学校の教育環境の充実や、第2章でもご紹介した離島における特別支援学校の充実などをはじめ、県議の関心も高く、議会でも頻繁に取り上げられるトピックです。また、特別支援学校関係の問題で、緊急を要する事案が発生した場合には、即座に教育長、場合によっては知事まで相談し、必要に応じて議会筋とも調整するなど、高度な行政能力が求められるため、常にアンテナを高くしながら意を用い続けました。

特別支援学校に子女を通わせている（あるいは通わせる予定の）親御さん等から、特別支援学校の新設や通学バスの路線の検討、離島における特別支援学校の分校・分教室の設置など、切実な思いが詰まった各種陳情・要望も頂戴することが何度もありました。しかしながら、これらは基本的に予算を伴いますので、予算編成権を有していない県教委だけでは決めることはできません。事柄に応じて知事部局とも協議し、県全体の財政状況を踏まえて判断する必要があります。

個別の陳情や要望に対しては実現につなげることができなかったものがいくつもありましたが、特別支援教育の質を高め、どのような障害を抱える子供たちであっても、専門性に立脚した教育を施し、その可能性を最大限に伸ばしてあげたい、そして社会に送り出して輝いてもらいたいという思いを義務教育課の職員は強く持っていました。

私がいた2年間だけでも、そのような思いがかたちとなった施策がいくつも生まれました。

２０１５年度に立ち上げた「特別支援学校学習支援ＩＣＴ活用事業」はその一つです。これは、子供たちの障害に応じて指導を充実する観点から、実証研究校にタブレット端末を配布するものです。私たちが調べた限りにおいては、特別支援学校にタブレット端末を配布している県はまだ限定的でしたが、他県で行われている先行事例から、特別支援教育でＩＣＴを活用することは非常に効果的だと確信し、知事部局と折衝をした結果、予算化にこぎ着けました。さまざまな障害をもつ子供たちに効果があると考えられるため、それぞれ視覚障害、知的障害、肢体不自由の子供を受け入れている3校を実証研究校に指定することとし、いずれは全16校に整備する計画になっています。

また、同じく２０１５年度からは、在任中で最も印象に残る仕事の一つとなった技能検定をスタートさせました。この技能検定[1]は、国の委託事業の採択を受けて実施したものですが、もともとは県内の特別支援学校の現場の先生方から実施を求める声があがったのが発端でした。このような取組は行政主導のトップダウン型で動くことが多いのですが鹿児島では違いました。

特別支援学校高等部卒業生の就職率が低迷している現状を打開するために何を成すべきか、特別支援学校の進路指導を担当している先生方が集まり、膝詰めで議論を行い、義務教育課の指導主事とも話し合いの場を持った結果、生徒たちの学習意欲を高め、最終的には就労につなげるためには技能検定を早急に導入すべき、との結論に至ったのです。

このように、現場の高いモチベーションに支えられてスタートした取組だったため、まったく枠組みがなく手探りの状態にもかかわらず、非常にスピーディーに検討が進められました。企業や各種団体の方が献身的にこの事業を支えてくださったことも大変大きかったと思います。

初年度は検討の結果、卒業後どの分野に進むにしても関連があり、かつ既に鹿児島高等特別支援学校で先行的に取り組まれている「清掃部門」に特化することとしました。その後、技能検定検討委員会で技能検定のマニュアルや評価項目、級位などを検討し、２０１５年11月に特別支援学校技能検定テキス

技能検定に臨む生徒

ト[2]を作成・県内の特別支援学校に配布を行い、各校で技能検定に向けた準備を進めていただきました。このテキストは特別支援教育係の堀之内恵司指導主事が中心となって検討委員会委員と調整して仕上げたものです。手前みそになりますが大変、質が高く、教職員や生徒にとってポイントが大変わかりやすくまとめられています。またこの間、夏季に企業関係者を講師に呼び、特別支援学校の進路担当者を対象とした清掃部門の講習会を開催し、指導のポイントを教えていただきました。2学期からは各学校において技能検定を意識した指導の充実を図っていただいたのです。

こうして第1回技能検定は2016年1月に、県内の特別支援学校7校から約30名の生徒の参加を得て本番を迎えることとなりました。生徒たちは、他校の生徒や教職員、審査員、保護者、報道関係者、私たち県教委職員などが見守るという、普段とはまったく違う緊張感の中、真剣に行程を進めていきました。まず驚いたのが生徒たちの態度です。私語は一切なく、ほかの生徒が検定を受けている間、ずっと集中して落ち着いて見守っていました。そして自分の順番が回ってきたら、一行程、一行程を確認するように丁寧に進めていく生徒、流れるように短時間で作業を行う生徒など、生徒によってスキルの差

技能検定の表彰式の様子

1　キャリア教育や就労支援の観点から、特別支援学校の生徒の学習意欲を高めるため、学習の成果を客観的に評価するための仕組み。

2　県教委のホームページに清掃部門のテキストが掲載されている。
https://www.pref.kagoshima.jp/ba04/kyoiku-bunka/school/shien/tokushi_siryo/ginoukenteitekisutoseisou.html

はあっても、それぞれの生徒が最後まで諦めず真剣に取り組む姿は私たち大人の胸を打つものがありました。どの生徒たちもその時点で持てる力を最大限発揮してくれました。

後で先生方にお聞きすると以下のような嬉しい反応がありました。

・日々の清掃活動でも隅々まで気を配ったり、検定で身に付けた掃き方や拭き方を意識して実践したりするようになった

・級位の認定後に生徒たちの学習に向かう姿勢が明らかに変わり、さらに上の級位を目指すことを目標にするようになった

・検定を通して、人前に出ることへの不安や緊張感が減り、学校行事でもさまざまなことに挑戦するようになった

・卒業後の進路先として清掃関係の仕事に就きたいという思いが強くなった

・これまで、生徒たちは日ごろの作業学習の成果を披露する場がないまま、就職活動を迎えてきたため、大変ありがたい

このように、技能検定を通じ、生徒たちの学習意欲や就労への意欲の向上が見られるなど、ポジティブな変化が確認されています。

なお、本事業は翌２０１６年度には特別支援学校11校から55名が参加し、参加者多数のため２日間に分けての開催となったと聞いています。また、参観者は技能検定検討委員会委員、学校職員、企業関係者、保護者など計１３０名に上ったということです。

特別支援学校の問題意識。そして現場の思いを具現化した特別支援教育係のスタッフの熱意。この二つが相まって技能検定の成功につなげることができたものと確信しています。技能検定に参加した経験

を特別支援学校高等部での濃密な学びにつなげていただきたいですし、卒業後の進路選択においても役立ててもらえればと切に願っています。

（3）全国初の県教委義務教育課フェイスブックで県内外に積極的に情報発信

①なぜフェイスブックなのか

広域な県土に多くの学校が分布しているのが鹿児島の特徴です。国や県教委からの情報や指導内容が十分に現場の隅々まで深く浸透していない、という古くて新しい課題に、いつも私たちは「いけんかせなならん」と言って頭を悩ませ、知恵を絞ってきました。

私はこのような鹿児島の地理的な特性や実態を考慮すればするほど、県と学校現場を太いパイプでつなげるには、従来の face to face による情報伝達や文書による情報提供といった手法は継続しつつも、ＩＣＴの積極的活用をこれまで以上に図るほかない、という思いを強くしました。

その一つが前述の「かごしま学力向上支援Ｗｅｂシステム」ですが、これは学校と行政に閉じたシステムです。

先述した「チーム鹿児島」のメンバーと情報の共有をもっと図り、鹿児島の教育を、もっと社会に開かれたものにするにはどういう手立てを取りうるのか。県教委と聞くだけで、お堅い組織で敷居が高い、と敬遠しがちな県民一般の方に、私たちの仕事をもっとご理解いただくにはどうすればよいのか。同時に、県外の方にも鹿児島の教育のよさ、取組を知っていただき、参考にしてもらうにはどうすればよいのか。そこで目を付けたのがＳＮＳ（ソーシャル・ネットワーキング・サービス）の代表格とも言えるフェイスブックです。

鹿児島県庁内では、既に広報課、観光課、離島振興課、自然保護課などがフェイスブックのページを設けていました。これらの課では、主にイベントの案内や広報番組の告知、会議やシンポジウムの紹介などが投稿されています。

しかしながら、教育委員会の中ではまだどこの課も始めておらず前例がありません。全国に目を転じても、都道府県教委のフェイスブックページはわずかながら確認できましたが、投稿内容はというと、教育委員会主催イベントの結果等が淡々と紹介されており、失礼な言い方になりますがホームページの情報とさして変わらない内容でした。これなら既存のフェイスブックサイトと差別化ができるはずだ、という思いを強くしたのです。

ところでなぜフェイスブックなのか。後述する関係部署との調整でもよく質問を受けたのが、ホームページとの違いです。フェイスブックのアカウントをお持ちの方はイメージをつかみやすいのですが、そうでない方によさを伝えるのはなかなか苦労しました。

外部に対し幅広く県教委の情報を伝えるツールとしてはホームページが筆頭格でしょう。ホームページは伝えるべき情報が階層化され、整理されており、今でも重要な役割を担っています。しかし、その性質上、掲載する情報は学校教育に関わるデータや、とりまとめ文書・リーフレットなどの成果物などが中心で、やや固めの文章で記載されることが多く、また、一方的に情報を流すため何人くらいの方が閲覧したのかが把握しづらいといった面があります。また、全体の構成や、前例からはみ出るような情報を掲載するのには不向きでもあります。

これに対し、フェイスブックは、何よりもタイムリーに情報発信でき、新しい情報がトップに表示されるため、更新した内容がすぐ目に飛び込んできます。新しい媒体だけに、表現もホームページより柔らかくても許容されやすいということも利点の一つでしょう。また、ホームページだと新しい情報を掲載したとしても、積極的に閲覧しに行った人でないと当該情報までたどり着けませんが、フェイスブックの場合、登録しさえすれば、情報がユーザーにタイムリーに届きます。また、管理画面からは、各投稿の閲覧者数を即座に把握することが可能ですし、「いいね！」の数は一番わかりやすい指標です。閲覧者の数を見て、どのような投稿が最も関心が高いのかを把握することも可能です。

一方、フェイスブックのデメリットをあえて挙げると次のようなものになります。

ホームページのメリットと裏腹の関係にありますが、ホームページでは提供する情報が構造化・階層化されているのに対し、フェイスブックは、古い投稿は新しい投稿の下にどんどん埋もれてしまうため、現状では、カテゴリーごとに整理することができません。また、フェイスブックには投稿ごとにコメント欄があり、心ないコメントが出されると県教委のイメージ悪化につながりうるという懸念もありました。幸いにして、これまでのところ温かいコメントが大半で問題は生じていません。

ですから、それぞれの長所を生かしてホームページとフェイスブックによる発信をうまく棲み分けしたり、連携したり、相互に補完したりしながら、情報発信を充実させることが大切だと考えています。

②フェイスブックサイト開設に奔走

そのような経緯もあり、２０１４年夏ごろから、教育の情報化を担当していた辻慎一郎企画生徒指導係長（当時）とは、フェイスブックページ開設の構想を温めていました。お互い個人的にもフェイスブックのアカウントを有しており、ＳＮＳの利点を十分に感じていたのも大きかったでしょう。ＳＮＳには、このほかにツイッターもありますが、文字数の制約がネックだったのと、私も辻係長もツイッターに馴染みが薄かったという個人的な事情もありました。そして、同年末から関係課との調整に乗り出しました。

当初、県教委としてフェイスブックページを開設してはどうか、と提案したのですが、広報の担当部署からは、課ごとにページを設けた方が知事部局とも調整がしやすいのではないか、との提案をいただき、義務教育課単独でページを立ち上げることになりました。

結果的には、この判断が正解でした。義務教育課内で手続きが完結していたことにより、いつでも、どんな内容であっても機動的かつ柔軟に投稿できるようになりました。県外を見渡しても「県教委」のフェイスブックページはあっても、義務教育課や高校教育課といった課単位でのページは見当たらず、私たちのように県教委の課単位でのフェイスブックページの立ち上げはおそらく全国初の試みでしょう。

図５－１　義務教育課フェイスブックページ（２０１５年度末時点）

前例がない提案ということもあり、教育委員会内の調整、知事部局の情報担当部署との調整は思った以上に時間を要しましたが、２０１５年6月11日に晴れてフェイスブックページが開設されることになりました。このことは地元紙や教育関係者向けの情報誌にも大きく取り上げていただき、県内外に幅広く周知することができました。

工夫した点として一つ付言すると、フェイスブックページのカバー写真があげられます。閲覧された方に義務教育課を身近に感じていただけるようフェイスブックのカバー写真は、ありがちな県庁の建物やロゴマークなどではなく、課の職員の集合写真にしました。それだけでなく、親しみを感じてもらえるよう皆、笑顔で写っています（図5‐1）。これは大変好評で、フェイスブックをご覧いただいた多くの企業経営者からも斬新でとてもよい、とお褒めの言葉をいただきました。

フェイスブックがどの程度、閲覧されているかを計るバロメーターの一つに「いいね！」の数が挙げられます。1，000件の「いいね！」を当面の目標に周知してきましたが、開設して7か月で目標を突破し、2017年8月13日現在、1，391件まで伸ばしています。

③職員全員が「広報マインド」を

さて、フェイスブックページの運用面で私が一番こだわったのが、課の職員全員が投稿できる環境を整えることでした。県庁内のパソコンは全てフェイスブックの閲覧が禁じられているため、課の職員が投稿するには、設定を解除する必要がありました。

知事部局の関係各課では、実際にフェイスブックの投稿をしているのは広報担当の職員数名のため、当該職員に限りフェイスブックが閲覧・投稿できるよう設定解除をしていました。

私としては、「課の職員全員の設定解除」は譲れない一線でした。なぜなら、一部の職員に任せたのでは、残りの職員にとってはどうしてもフェイスブックの存在が他人事になってしまいます。どの職員も一様に、自分が担当している仕事にはプライドを持って取り組んでいますので、その取組を、学校関係者を含め県民の方にわかりやすく説明し発信する「広報マインド」を持って仕事に取り組み、全員のパソコンから投稿できるよう知事部局の情報政策課と交渉し、認めていただいたのです。

さらに、スピーディーに情報発信できるよう、思い切って課内での決裁手続きを不要にしました。私が出張に行っている間に、決裁を待って数日間、情報発信が止まるよりも、各職員が責任を持って情報発信することを優先しました。

フェイスブックを立ち上げてから改めて感じたことは、投稿する材料は豊富にあるということでした。義務教育課の所掌は幅広く、業務も多岐に及びます。各種シンポジウムやフォーラムの案内・当日の様子、とりまとめた報告書の周知、訪問した学校の取組の紹介、各施策の進捗状況などです。

当初、課内の職員の多くから、フェイスブックでどのような情報を投稿してよいのかわからないといった声があがりました。そのため、私や広報を担当している企画生徒指導係の職員が試みにいくつか投稿してみせることにしました。そうすることで、ほかの職員も徐々に要領をつかみ、自発的に投稿する職員の数が増え、投稿数も飛躍的に増えてきました。職員の意識が大きく変わったと思います。

一般的には、行政では、対外的に公表する情報は慎重かつ精選して提供してきました。その結果、県民との間に、情報提供の不十分さに起因する誤解や認識不足も生まれていました。フェイスブックを立ち上げたおかげで、透明性を高め、お会いする方々からいい取組だ、と評価していただき、教育行政や学校現場への理解がより進んだのではないかと感じています。

また、県外の市町村の教育長から直接電話があり、フェイスブックに掲載されていた施策についてもっと知りたいので教えてくれないか、といった問い合わせも寄せられるなど、県を超えた教育行政関係者間でのネットワーク構築にも一役買うことができました。情報教育が専門の鹿児島大学教育学部の山本朋弘先生には、研究論文において義務教育課のフェイスブックの取組を次のとおり取り上げていただきました[3]。以下、該当部分の引用です。

②情報発信の有効性

・教育委員会の取組や学校の実践等をタイムリーに，時にはリアルタイムで発信でき，スピード感のある広報活動につながっている。

・ＳＮＳで情報発信することによって，友達申請によって容易に情報の共有を図ることができ，学校関係者以外から閲覧する機会が多くなった。寄せられるコメントを通じて，率直な感想やニーズ等を知ることができるようになった。

・学校を訪問した際の様子や地域の取組を見学した様子など，日々の活動の様子を発信することができ，日常的な情報発信が可能となった。

・難しく，堅苦しいと感じさせてしまいがちな教育行政施策を柔らかく，わかりやすく伝えることができる。

・学校教育の視点だけでなく，生涯学習や社会教育なども含め，より幅広い視点で更新するようになった。

③運用上の課題

・友達申請によって，学校関係者以外とのつながりが深まってきており，情報管理や個人情報保護の観点から発信内容を十分吟味していく必要がある。

3　山本朋弘・海江田修誠（２０１６）「学校ＣＩＯの情報発信に見られる経営方針の分析」『鹿児島大学教育学部教育実践研究紀要特別号６号』Ｐ13～21。本論文の中では，ほかの事例との兼ね合いから鹿児島県教育庁義務教育課を「Ｋ県教育委員会事務局」と表記。

・学校や保護者の中でもＳＮＳを利用したことがない教師や保護者もいるので，ＳＮＳ以外の情報発信の方法も検討する必要がある。

山本先生は本論文に限らず、毎年1月に開催している県教委主催の「教育の情報化フォーラム」に参画いただくなど県の情報教育の推進について助言をいただいています。このように、学術的な視点で県教委の取組を分析し価値づけていただけたことは大変有意義なことと考えていますし、フェイスブックを開設した結果、県教委の施策や鹿児島の学校教育の様子が県内外を問わず多くの方々の目にとまり、こうした反響につながったと考えています。前例にとらわれず一歩前に踏み出すことの大切さを身に染みて実感することができました。

④フェイスブックの投稿に込めた思い

以下では投稿に込めた思いを、いくつかの事例も交えつつご紹介したいと思います。

図5‐2は、第3章で詳述した「授業サポートプロジェクト」の様子を掲載した２０１５年9月10日の投稿です。

これまでホームページでは、県教委の施策の教委や施策実施後の成果など、公表内容は精選して掲載するというのがいわば暗黙のルールとなっていましたが、義務教育課のフェイスブックでは、現在進行している施策の途中経過を思い切って公開しました。このような例は全国を見渡してもおそらく前例がないでしょう。

この投稿では、授業サポートチームが先生方に寄り添ってどのような支援をしているか具体的なイメージをつかんでいただくために、サポートチームと対象の先生とのやりとりの一端を紹介しました。

特に、本事業は先に述べたように、県教委の指導主事が現場に直接、複数回にわたり入り直接対話するという前例のない取組だったこともあって、現場でのあらぬ誤解や抵抗感が生じないよう細心の注意を払いました。そこで、現場の先生方に施策を正しく理解していただくために1学期のスタート段階から、フェイスブックをフル活用しました。

図5－3は、義務教育課が所管している研修プログラム（5）や（7）で詳述）の投稿です。

近年、研修の応募者が伸び悩んでいたことから、研修を体験した教員からのメッセージをフェイスブックに投稿し、研修に参加した動機は何か、研修の中身はどのようなものか、研修がその後のキャリアにどのように役立ったか、といった研修経験者の生の声を教員に届け、応募者の掘り起こしにつなげたいということが第一のねらいです。加えて、さまざまな問題意識を持ち日々子供たちに向き合い、研修の経験を教職生活の糧として学び続ける教員の真摯な姿を広く県民に知ってもらいたいという第二のねらいもありました。

そのため、市町村教委を通じて数名の先生に依頼して体験談を掲載しました。このように予算をかけずに新たなアイデアを即実行に移せるようになったのもフェイスブックの効果といえるかもしれません。

図5－2
フェイスブックの投稿より

【2学期の授業サポート、始動しました！】

図5－3
フェイスブックの投稿より

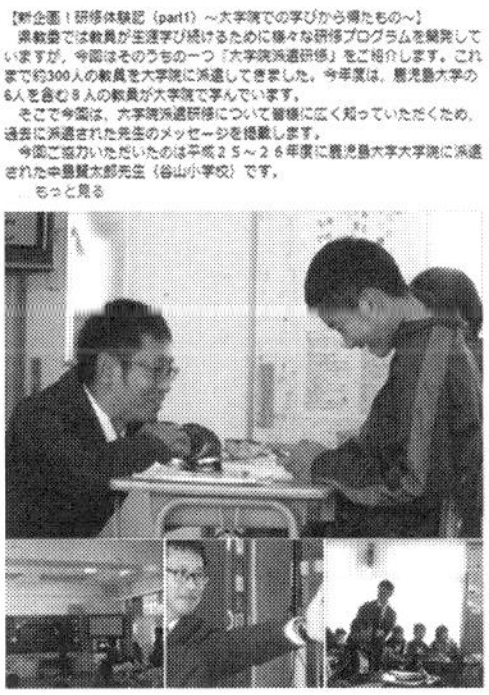
鹿児島県教育庁義務教育課さんが写真4件を追加しました。

【新企画！研修体験記（part1）～大学院での学びから得たもの～】
県教委では教員が生涯学び続けるために様々な研修プログラムを開発していますが，今回はそのうちの一つ「大学院派遣研修」をご紹介します。これまで約300人の教員を大学院に派遣してきました。今年度は，鹿児島大学の6人を含む8人の教員が大学院で学んでいます。
そこで今回は，大学院派遣研修について皆様に広く知っていただくため，過去に派遣された先生のメッセージを掲載します。
今回ご協力いただいたのは平成25～26年度に鹿児島大学大学院に派遣された中島賢太郎先生（谷山小学校）です。
…もっと見る

また、県外の閲覧者を意識した投稿も随所に入れ込むようにしました。後で述べる「山村留学」を受け入れている学校の紹介です。私は、在任中、離島やへき地の小規模校の訪問に力を入れてきました。小規模校で頑張っている先生方にエールを送りたかったですし、鹿児島では小規模校が多数を占めているわけですから、課題を把握するためにも足を運ぶ必要がありました。

中でも、児童生徒数が1桁台あるいは、児童生徒が一人もいない学年がある学校では、県外からの子供の転入学を積極的に受け入れるべく、「山村留学制度」を導入している学校が少なくありません。ただ、市町村単位や学校単位の周知では限界があるのも事実ですので、フェイスブックを活用して県教委からも周知の支援をしようと試みました。２０１５年度の投稿の中では、薩摩川内市の甑島の鹿島小学校を紹介した記事が最も閲覧者数が多く、県外の方もたくさんご覧になっていました。

まだまだ試行錯誤の状況ではありますが、今後もさらにさまざまな企画や特集を組むなどして、多くの方にとって有益な情報を提供していきたいものです。

私が文部科学省に戻った後、鹿児島から嬉しいニュースが届きました。２０１６年5月に鹿児島県教育庁社会教育課が独自のフェイスブックページを立ち上げたのです[4]。社会教育課は義務教育課以上に県民が直接参加できるイベントを多く実施していますし、家庭や地域向けにさまざまな啓発を行っています。このように、県内隅々に教育に係る有益な情報を届けていくことが県としての役割だと考えています。さらには、県内各市町村においても同様の動きが広がっていくことを期待したいです。

（4）攻める広報―マスコミを応援団に―

私は、マスコミ、特に県庁の記者クラブ（「青潮会《せいちょうかい》」と呼ばれている）に入っている記者の方との関係を重視しました。なぜなら、私たちがホームページや広報誌等を使って広報する何百倍、何千倍もの広報力を持っているからです。そして、この報道の持つ力を借りて私たちも発信したい情報を丁寧かつ粘り強く記者に説明し、必要性についてご理解していただき正確に報道していただくことが、義務教育課のスポークスパーソンたる課長にとっても非常に重要なミッションだと捉えていたからです。

とはいえ、着任後の約半年間は、マスコミ対応は「待ち」の姿勢でした。マスコミの方から頻繁に取材を受けるのは役人人生でも初めてのことであり、慣れない面もありましたので、最初は安全運転に徹し、取材があれば応じるというスタンスでした。最初の取材は着任間もない4月下旬に行われた学力調査について所見を問われたときのことです。記者に囲まれテレビカメラを前にマイクを向けられ、緊張のあまりうまく説明ができず、ほろ苦いマスコミデビューとなりました。

その後、徐々にマスコミの関心事項や、行動パターンがわかってくるにつれ、私たちがプレスリリースをしても、取材すべき案件か否かをマスコミ側で選別されていること、知事部局の重要案件と公表日が重なると、教育分野の取材は後回しになること、また毎日多くの部局がプレスリリースするため、その中に埋没してしまい存在が十分に認知されないことが間々あることがわかってきました。記者クラブ

4　https://www.facebook.com/shakyo.kagoshima/?fref=ts

に詰めているマスコミ各社の、記者の人数は中央省庁の記者クラブに比べてはるかに少なく、記者一人が取り扱う分野が広範です。さらにいうと、鹿児島の記者クラブには若く、将来有望かつ意欲的で、これから記者としてのキャリアを積んでいく方が多くいました。そして、これらの方々は将来、東京に異動し文部科学担当の記者になる可能性も大いにあるため、教育行政や学校教育について理解を深めていただくことはとても大切なことだと感じていました。

私たちが待ちの姿勢でいると、こちらが伝えたい情報は報道してもらえず、結果として、学校現場にはほとんど教育施策に関する情報が届かない、伝わらない、そうなると今までと何も変わりません。逆に、教職員の不祥事など、後ろ向きな情報は私たちの姿勢によらず報道されますので、そのような情報だけを目にすると県民は教育界に不信感を募らせることでしょう。

そこで、1年目の秋以降からスタンスを変え、発信したい情報があれば、マスコミにこちらから連絡してでも、直接、施策の意図や取組について説明することにしました。

情報発信については苦い経験があります。年が明け2016年度予算案の公表時のことです。このときばかりはさすがにマスコミ各社から取材が相次ぐだろうと考え、公表日は電話の前で待機していました。しかし、待てど暮らせど、どの社からも一向に問い合わせの連絡がきません。それもそのはず、県庁内の予算が一斉に公表されたため、財政課に取材に集中していたのです。記者配布資料には義務教育課の新規事業を記載していましたが記者の目に留まることはありませんでした。そこで、1社ずつ連絡し、関心を持ってもらうよう、取組をあの手この手でアピールし、その結果、執務室に何社か来ていただくことができました。その後は、こちらが発信したい情報のみならず、鹿児島の学校教育の特徴（全国転勤の記者は、鹿児島の教育の実態について必ずしも精通していないため）や学校現場の現状などについて時間の許す限りレクチャーさせていただいたことも効を奏し、テレビのニュースや新聞記事に私たちの取組を頻繁に取り上げていただきました。

その後も、記者の方々とは良好な関係を構築し、例えば公表前の案件であっても内々に現在の検討状況をお話ししたり、施策の重要性を伝え、どのタイミングならもう少し踏み込んだことが話せるかの感触を伝えしたりしてスケジュール感を持ってもらい、記事や番組の枠を確保していただくよう私から要望させていただくなどのやり取りもさせていただきました。その甲斐あって、各施策の報道ぶりはおおむね県教委の説明の線に沿ったものだったと思いますし、学校教育に対する理解に基づいた報道が多かったように感じました。

ここで、あるエピソードをご紹介しましょう。あるとき、懇意にしている記者から、学力向上に頑張って取り組んでいる学校を教えてほしい、との依頼がありました。その記者は、私が多くの学校を訪問し、さまざまな取組を把握しているのを知っていたからです。私は訪問した数々の学校の取組を頭に思い浮かべた上で、大隅半島のある学校を紹介することに決めました（こういうときは、報道される機会の多い鹿児島市内でなく、なるべくそのほかの地域を紹介するよう心掛けていました）。そして、その学校の取組内容をお伝えしたところ、その記者は大いに関心を示し、ぜひ、取材したいとおっしゃってくださいました。鹿児島市内からは随分遠方に位置する学校ではありましたが後日、直接取材され、新聞に大きく取り上げられました。報道されたことを最も喜んでいたのは、その学校のある教育長さんでした。学校やその学校の設置者である教育委員会にとっては、自校（あるいは域内の学校）が好意的に報道されるのはとても嬉しいことでしょう。私が記者に紹介したことをどこかで耳にされたのでしょうか、教育長にお会いするたびに「この学校は過去に生徒指導事案で新聞に載ることはあっても、前向きに報道で取り上げられたのは初めてのこと。県教委に評価していただき、学校も今まで以上に活気づき、先生たちも一生懸命頑張っている。大変ありがたい」と感謝の言葉を口にされました。私たち県教委とマスコミの方との連携プレーにより、現場の教育長や先生方に力を与えることができたということは私としても大変、うれしく思いましたし、報道の持つ力を感じたエピソードでもありました。

また、第3章の「授業サポートプロジェクト」は、２０１５年度の看板施策ですが、報道で取り上げていただかないと、県教委の取組が県民の方に十分に届かないと考え、年度当初に訪問予定だった市町村に事前に感触を聞き、取材の受け入れが可能な学校を決め、プロジェクトがスタートする前に記者クラブで懇意にしている複数の記者さんに連絡し取材してもらうことにしました。これから立ち上がる同プロジェクトについて現場の教師に少しでも具体のイメージを持っていただくためにも、報道の力を借りるのが有効だと感じたからです。結果的に、授業改善に向けた先生方の率直な受け止めや授業サポートへの学校長の期待などを的確に伝えていただきました。結果は上々で、当日インタビューを受けたサポートチームの松本遵指導主事の元へ、報道を観た多くの方から反響があったと聞きます。

マスコミといっても記者クラブに入っている会社が全てではありません。子育て世代の親御さんに県教委の取組を知っていただくにはコミュニティペーパーのような媒体も極めて重要です。私自身、毎月、自宅のポストに届くのを大変楽しみにしていました。私のような県外から来た人間にとっては、地域のイベントや新たにオープンする飲食店の情報、名所旧跡の紹介など、仕事で触れることの少ない貴重な情報が詰まった情報誌を重宝していました。そんな折、偶然、コミュニティペーパーを発行している会社にお勤めの方とある会でご一緒するというご縁に恵まれ、後日、紙面で県教委の取組を発信することができないかと伺ったところ、二つ返事で了解くださり図５‐４のとおり掲載となりました。ちょうどフェイスブックを立ち上げてすぐのタイミングで、その紹介もでき、県教委と読者の方との垣根を取り払い直接、思いを伝えるよい機会をいただいたと思っています。掲載後はＰＴＡの方々などから反響をいただき、子育て世代の方々の目に触れる媒体にも目配りをしながら情報発信していくことの重要性を噛みしめたところです。

　これまで繰り返し述べたように鹿児島の教育の課題は県教委と現場の温度差です。さらにいうと、県教委が発信する情報の浸透している学校とそうでない学校に二極化しており、情報の浸透度合に差があるのです。そのため、私は時間の許す限りマスコミの方の協力もいただきながら攻める広報を心掛けてきました。

　もっとも、伝え方如何によっては、正しく情報が伝わらないリスクもありますので、誤解を招かないよう、説明の仕方には十分に気を遣いましたし、私がやや勇み足な発言をした場合には、その場に同席している指導監や課長補佐、指導主事からフォローを入れていただくこともありました。

　このようにマスコミとの関係は在任期間を通じ、おおむね融和的で良好でしたが、時には厳しく事実関係や見解を求められたり詰め寄られたりする局面もありました。特に、学力調査は県民の関心が高いため、なぜ順位が低いのか、どう分析しているのか、県教委の取組の成果があがっていないのではないか、といった質問が矢継ぎ早になされ、また、離任直前に全国的に大きく取り上げられた教科書会社による教員に対する謝礼問題については、鹿児島の状況はどうなっているのか、人数は何人か、処分をどうするのかなど、記者が連日のように義務教育課に押しかけ、見解を求められるといった状況が続き大

図５－４
南日本リビング新聞
（２０１５年８月１日号より）

変神経を使いました。

このように厳しい質問をされるときに常に意識していたことは、これらの質問は、県民の方々の声を代弁したものであり、誠実に真摯に説明責任を果たすことが大事であるということです。同時に、教育現場で一生懸命子供に向き合っている先生方や行政関係者に責任を転嫁したり、不用意な発言により現場のやる気を削いだりすることも絶対にあってはなりません。教科書問題に関していえば、該当する市町村教委とは緊密に連絡をとりながらも、県教委がマスコミ対応の最前線に立ち、一元的に対応するという姿勢を貫きました。県の義務教育を預かる立場としての大変な重責に押しつぶされそうになったことを幾度ともなく経験しましたが、今では大きな糧になっていると感じます。

県庁記者クラブでの記者会見の模様

(5) 大学の力も借りて「チーム鹿児島」

私は初等中等教育行政に関わる前は高等教育に関係する部署で長く仕事を行っていました。そのため、鹿児島に出向する際にも、大学行政に関わっていた経験を踏まえ、大学と教育委員会の連携の強化のために力を尽くそうと考えていました。かつて、他県の教育委員会に出向したことのある先輩から伺った、地元大学との関係が上手くいかず大変苦慮されたという経験談も強く記憶に残っていたからかもしれません。ところが、いざ県教委に出向してみると、地元の国立大学である鹿児島大学や、志學館大学、鹿児島国際大学、鹿児島純心女子大学などの私立大学との関係が大変良好であることに驚きました。

県教委と大学との距離感や関係性の密度を実感した象徴的なエピソードをご紹介しましょう。着任すぐの２０１４年４月。義務教育課の同僚に声を掛けていただき、鹿児島大学教育学部で学部長を務められた先生と気鋭の若手准教授を囲んでの懇親会の席に参加しました。和やかな雰囲気での懇親会と思いきや、その席上、同僚から鹿児島大学の先生方に対して腹蔵なく、同大学の教育内容についての課題や、もっと努力してもらいたい点などを伝え、大学側も自分たちの足りない点を真摯に受け止め改善の方向性を答える、といった率直なやりとりが展開されるではありませんか。懇親会の席上とはいえ、ここまで腹を割った意見交換ができているということは、県教委と鹿児島大学の連携は相当進んでいるのではないか、と感じました。なお、「気鋭の若手准教授」と評した黒光貴峰准教授とはこの会をきっかけに頻繁に連絡を取り合う仲となり、研究室にお邪魔したり、一大学院のゼミに参加させていただいたりと、出向生活中、大変よくしていただきました。また、蛇足になりますが、自宅から至近にあったため、鹿児島大学の図書館は週末よく利用しました。教育関係の学術書の蔵書が充実しており、最近リニューアルされたため大変綺麗なのでお薦めです。何よりも時間が止まったかのようなキャンパスの雰囲気が好きなのでリラックスするにはもってこいの場所でした。

　さて、このように県教委と大学との連携強化の素地は整っていましたが、ちょうど２０１４年度は鹿児島大学教育学部では教職大学院の立ち上げを検討しているころと重なりました。ここでは教職大学院設置に向けた鹿児島大学との調整過程に焦点を当ててみたいと思います。

南国情緒あふれる鹿児島大学郡元キャンパス

教職大学院とは、専門性の高い教員を養成する専門職大学院であり、文部科学省も全都道府県に教職大学院が設置されるよう促していました。そこでこれまで未設置だった鹿児島大学においても早ければ２０１７年度の開設を目指すこととしており、２０１５年3月30日には県教委と鹿児島大学との間で協定書を結び具体の検討を両者で進めることとなりました。

検討に当たっては、教職大学院で提供されるプログラム内容や実習先、教職大学院の実務家教員として派遣する教員、県教委から教職大学院に派遣して学生として学ぶ教員などクリアすべき論点が複数存在するため、県教委の担当課も総務福利課、教職員課、義務教育課、高校教育課の4課にまたがり、それぞれの所掌に関わる論点を各課内でも検討しながら進められました。

義務教育課では、現職教員を大学院に派遣する研修制度を所管していたため、教員が現場を離れてでも学びたいと思えるような実践的な教育課程が編成されているか、という視点で鹿児島大学と調整しました。

教職大学院の検討と並行して、県教委側も大きな運用の見直しを行いました。これまで、県内の現職教員が大学院で学ぶ「大学院派遣研修」は、鹿児島大学のほかに新教育大学と呼ばれる兵庫教育大学や上越教育大学なども派遣対象となっており、申請者がどの大学院で何を学びたいかを申請書に記載して提出する仕組みでした。選択肢が複数あるというメリットはあったものの、県の教育課題を念頭に、県教委と大学が協力して作り上げる教職大学院に対し教員を派遣した方が費用対効果は高いのではないかと考え、11名の枠のうち10名分は鹿児島大学の教職大学院に派遣するよう変更しました（残り1名は鹿児島大学の既存の大学院も可）。私たちの教職大学院への期待の現れでもあります。

また、大学から文部科学省に設置の申請を行う際には、県教委からの大学宛の要望書と、要望を受け大学としてどのようにプログラムに反映したのかがわかる書類が必須であるため、義務教育課が要望書づくりを主導し作成しました。要望書では、学校経営、学年経営、学級経営に指導力を有する中核的教員（スクールリーダー）の養成を県の課題として挙げました。また、離島・へき地の学校や小規模校、複式学級の学校が多いといった鹿児島の教育の特色や、喫緊の課題ともいえる子供たちの学力向上や生徒指導、小中一貫教育、英語教育、また、特別支援教育力の向上など、鹿児島の教育課題に対し実践的に学べるカリキュラムの設定を要望しました。

さらに、義務教育課にとって研修制度や教育課程の設計とも連動する最も重要な論点として、県から派遣する現職教員である学生の修了年限をどのように設定するかという課題がありました。教職大学院の修了年限は通常2年間です。私たちは当初、研修に参加する先生方の心理的ハードル（1年間の方が研修に参加しやすいのではないか）や、現行の大学院派遣の仕組みとの関係（2年目は在籍校で勤務しながら週末等に大学にて論文指導を受講）、市教委への理解の得やすさ等の理由や、教職大学院は修士論文が必須でないことも考慮して、1年間の短期で修了する仕組みが検討できないかと大学側に要望していました。しかし、大学からは、1年間に詰め込むのではなく、2年間にわたってしっかり理論と実務を学ぶ方が学習効果が高いのではないか、との意向が示されしばらく平行線が続いていました。

そこで、私自身、他大学の状況を情報収集し、課内でも激論を行った結果、一定の結論に達しました。そして次のような提案を鹿児島大学に投げかけたのです。

修業年限は2年間。しかし、「大学で」のみ学ぶのではなく、大学の教員が在籍校に出向き「在籍校で」学ぶという仕組みをご検討いただけないか。

この提案の背景には鹿児島特有の事情がありました。教職大学院での学びが、大学院に派遣された教員の中だけに留まってしまっては鹿児島の教師力の向上にはつながらず効果は極めて限定的です。もう少し具体的に説明すると、初年度に理論を中心に学んだ後、2年目は在籍校に戻り、大学の教員が各在籍校に足を運んで指導するという仕組みです。現職教員である学生は、在籍校を舞台に、各自が設定した課題をどのように解決するかについて実践を行います。大学教員は当該学生が行う実践や課題研究に対し要所で助言を行いますが、教員が学生とマンツーマンで指導を行うだけでなく、校内研修やほかの教員のいる場面でも指導や助言を行っていただくことを想定しています。実はここが肝なのです。

通常、大学の教員が出向いて直接、指導助言する学校は、大学の附属学校や指定校、研究校など一部の学校に限られるため、多くの学校の教職員にとって大学教員との接点は皆無ですが、現職教員である学生の勤務校は、上記のような指定校に限定されておらず、県内のどの学校からでも研修を希望することが可能で、選抜されれば大学院で学ぶことができます。そのため、ごく普通の学校に大学教員に入ってもらい、学校が抱える課題解決に向けた視点をアドバイスいただけることはほかの教職員にとってもメリットがあると考えたわけです。これまでも繰り返し述べてきたように、広域県鹿児島にあって、一部の教員をスーパーティーチャーに育てるだけでは、砂漠に水をまくがごとくほとんど効果が期待できません。限られた教員による大学院での学びの成果を、周囲の先生方や管理職にも広げていくには、このような工夫が必要です。こうした提案に対し、大学の教員の負担が重くなるため難色を示されるのでは、と危惧していましたが、鹿児島大学も前向きに検討してくださり、最終的にはこの提案を受け入れていただき、教育課程のコアの部分が固まりました。

その後も数えきれないほどのキャッチボールを経て、県教委からのさまざまな要望を受け止めてもらい最終的に大変素晴らしい計画ができあがりました。

その後、鹿児島大学は文部科学省に設置申請を行い、審議会の議論を踏まえ、文部科学省による設置を可とする旨の結論を得て、晴れて2017年4月より教職大学院「教育学研究科教育実践高度化専攻」が開設されることになりました[5]。私もその一報に触れた際には、喜びと同時に肩の荷が下りたような感慨を覚え、教職大学院設置構想の責任者で、大変ご苦労された土田理学部長にお祝いの電話を差し上げました。初代専攻長には、県のいじめ問題対策連絡協議会の座長などを歴任され、県教委時代に大変お世話になった有倉巳幸教授が就任されるなど、スタッフ陣も教育学部を代表される先生方や県教委から派遣の実務家教員（うち2名はかつての同僚）で固められ、素晴らしい布陣でスタートが切れたのではないかと思っています。

本項では、現職教員として派遣される方の学びを中心に述べましたが、同大学院では、「学部新卒学生」と「現職教員学生」が学び合うことも売りになっています。

また、教育内容については教職大学院の特色を生かした、理論と実践を往還させたカリキュラム編成となっており、特に実習は鹿児島独自の教育現場のニーズに応える内容で、離島へき地での1週間の実習が必須（重点領域実践実習Ⅰ）となっているほか、上述した2年目の仕組みについては「開発実践実習Ⅱ」としてカリキュラムに反映されています。

このように、大学と深く連携し、共によりよいプログラムとなるよう知恵を絞りながら教職大学院の開設につなげたことは県教委にとっても大変意義深いものであったと考えています。教職大学院はこれ

5　鹿児島大学教育学部ホームページ　http://www.edu.kagoshima-u.ac.jp/index.php?id=25

からが勝負となりますが、この教職大学院から輩出される人材の卒業後の活躍に注目し続けたいと思います。

（6）ICTを活用した遠隔授業で複式学級を解消！

２０１４年5月。着任してひと月後に1泊2日の徳之島出張が組まれました。この出張がその後の鹿児島の情報教育を大きく変えることになろうとは誰が予想できたことでしょうか。訪問先は徳之島町内の小中高校の計4校で、その中に母間《ぼま》小学校が含まれていたのはまさに奇跡でした。帰りの飛行機の出発2時間前に最後に訪問した学校です。複式学級ばかりの極小規模校でありながら、最大のインパクトを与えてくれました。

何といっても福宏人校長（当時。第7章も参照）の存在感です。10分足らずのプレゼンテーションでありながら、福校長が明確なビジョンを持ち、学校の課題を的確に捉え、その課題に対しどう取り組んでいるのかが非常にクリアに理解できました。特に小規模校にいる子供たちを伸ばすために大学教員のアドバイスも受けながらＩＣＴを最大限駆使していることが大変強く印象に残りました。私が訪問した際には、年度内にタブレット端末を子供たちに配布し、複式学級のデメリットを解消する取組を行うという構想をお聞きしました。導入後にどのような教育が展開され、効果を生み出すのか胸が躍る思いでした。なぜなら、第2章で

徳之島町立母間小学校正門から

見てきたように、鹿児島には複式学級を有する学校が大変多く、ＩＣＴの力で単式に近い教育ができるようになれば、県内の教育環境も改善されるはずだからです。

さらに、授業を見て驚いたのですが、数名しかいない教員の授業が実に素晴らしく、研究授業ではないか、と見紛うほど工夫され、子供たちの思考を揺さぶるものばかりでした。

県教委に戻ると早速、義務教育課の指導主事に母間小学校がいかに素晴らしかったか、将来性のある学校かを伝え、県のモデルになる学校だからぜひ、機会を見つけて観に行ってほしいと訴えました。私の話を聞いた同僚たちは最初、半信半疑でしたが、私の熱意に押されて数か月後に現地に飛び学校を観てきてくれました。そして、出張を終えて県庁に戻ってきた指導主事に感触を恐る恐る聞くと、「母間小学校の取組は本物です！」

その指導主事によれば、母間小学校の取組は私が訪問したときと比べてさらに深化しており、担任が他学年の指導に当たっている間に、担任があらかじめビデオ収録した動画を、児童たちはイヤホンをつけて視聴し、問題を解いたり、議論したりしているというのです。その後も別の指導主事を派遣し、義務教育課の中に「母間小学校シンパ」を増やす作戦を展開していきました。県内各地区で行われる研修会では必ず、母間小学校の例を取り上げ、校長のリーダーシップの在り方やＩＣＴの活用方策などについて紹介させていただきました。

さて、母間小学校の取組を私や指導主事が評価してもそれだけでは県の教育を突き動かすところまではいきません。何か強力に推進する方策はないものかと思案していたところ、折もよく、文部科学省の職員から、２０１５年度の概算要求事項として、「人口減少社会におけるＩＣＴの活用による教育の質の維持向上に係る実証事業（学校教育におけるＩＣＴを活用した実証事業）」[6]が挙げられていることを教えてもらいました。

この事業は、過疎化、少子高齢化が進む地域において、小規模校の教育上の課題を克服するためにICTを活用して学校同士をつなぎ、年間を通じて合同学習等を実施し、指導方法の開発や有効性の検証などの実証研究を行うものです。母間小学校の取組を他校にも広げ、学校同士を遠隔でつなげることができれば申請できるかもしれませんし、母間小学校に限らず、鹿児島の教育の課題解決に大きく寄与する可能性を秘めた事業だと感じました。

「ICTをもっと活用して複式学級の教育の質を高めたい」と熱っぽく話していた福宏人校長の言葉が心に何度もこだましました。すぐに文部科学省の担当課である情報教育課に連絡すると、「査定の結果、最終的仕上がりはわからないが予算はつくだろう」との返事をもらいました。予算化を前提に検討を急ぐしかありません。そこで、徳之島町教委にも情報提供すると、翌年度に向けてさらに取組を強化しようと、徳之島町教委と母間小学校で共に検討している最中だということでした。そのため、この事業に沿った遠隔授業のパートナーを検討してもらうよう依頼しました。その後、文部科学省とも緊密に連携を取りつつ、義務教育課内でも、申請書の設計図を書き始める作業を進めました。

ICT担当である企画生徒指導係に対しては私から、離島、へき地の多い鹿児島の課題解決につながるような計画づくりを指示するとともに、全国においても、いずれ少子化が進行し小規模化、複式化する学校が増えるため、全国のモデルになるような計画の検討を依頼しました。

年が明けた2015年。文部科学省の公募が開始されたころには、徳之

母間小学校の複式かつ遠隔の授業風景

島町との調整も終え、私たちの申請内容は固まっていました。骨格は以下のとおりです。

・徳之島町内の複式学級を有する母間小学校、山《さん》小学校、花徳《けどく》小学校の３校で遠隔授業を実施
・複式学級同士をＩＣＴでつなぎ、実質的に複式学級を解消する
・１年目は算数、道徳の２教科、２年目は社会を加えた３教科、３年目は国語、外国語を加えた５教科で実施
・単に合同授業を行うのではなく、アクティブ・ラーニングの視点からの授業改善を行いながら子供たちの思考力等を育む授業を展開する

このように、複式学級同士をつなぐ、という発想は国にはなかったと思います。私たちは、（国が想定していた）大規模校と小規模校を遠隔でつなぐ場合、大規模校がメリットを感じにくく持続性がないのではないか、と考え、小規模校同士、しかも複式学級という共通性のある学校を遠隔でつなぐ計画にしました。そうすることで、どの学校もメリットを享受し、課題も共有できると考えたのです。

事業が開始し早や3年目に突入しましたが、この間、さまざまな試行錯誤が行われたと聞いています。例えば、授業の真ん中にあたる「展開部分」では、それぞれの学校の担任が目の前の児童の学習状況を確認した方が、しっかりと学びを見取れるため、45分間最初から最後まで遠隔でつなぎ続けるやり方の見直しを図っています（図５-５）。

文部科学省の委託事業は２０１７年度まで続いており、成果については現在、鋭意検証中ですが、こ

6　本事業の成果等については以下の文部科学省のホームページに掲載されている。http://www.mext.go. p/a_menu/shotou/zyouhou/1364592.htm

の事業は小学校、町教委、県教委との間で非常に円滑に実施されている成功事例だと考えています。

その理由としては、校長が早くからICTに着目してビジョンを示し教職員と共有が図られていたこと、校長、教職員含め、子供たちに確かな学力を付けさせてやりたい、そのためにできることはないかと真剣に考え実行に移す土台があったこと（先に述べたビデオ動画の収録はその好事例です）、町教委も必要性を認識し予算獲得に動いていたこと、町教委のモデル校として母間小学校でICT活用を進めていたという助走期間があったこと、何よりも現場に切実な必要感があったことが挙げられます。そして、県教委においても、きらりと光る現場の取組を早くから見いだし、国の予算事業を把握し、それを確実に獲得し配分するなどして支援してきたことも補足しておきましょう。

国の委託期間が終了した後も徳之島町において予算措置をする予定と聞いています。ぜひ、この成果をアピールし、ほかの自治体にも広めてもらいたいと思います。特に教科ごとに免許の異なる中学校で遠隔教育が進めば、小規模校で教科免許を保有する教員がいない学校と、いる学校で補完でき小学校以上に効果が期待できるのではないでしょうか。こうした取組も鹿児島発で進められることを期待しています。

図５－５　遠隔授業の流れ

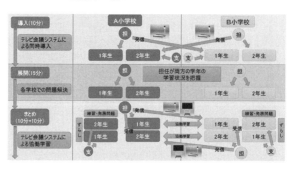

（出典）母間小学校提供資料

（7）教員の研修プログラムの完全テコ入れ

教員の研修について教育基本法には次のように規定されています。

第9条　法律に定める学校の教員は、自己の崇高な使命を深く自覚し、絶えず研究と修養に励み、その職責の遂行に努めなければならない。

2　前項の教員については、その使命と職責の重要性にかんがみ、その身分は尊重され、待遇の適正が期せられるとともに、養成と研修の充実が図られなければならない。

こうした法令を根拠に国や都道府県などでは、教壇に立つ上で共通して身に付けなければならない事柄や、新たな教育課題に対応した事柄などについてきちんとした知識や理解を修得させるために、教員に対し研修の機会を提供しています。教員向けの研修を担っている県総合教育センターで提供している研修では、一定の年数勤務した全教員を対象とする研修から、希望する教員向けの研修までさまざまなプログラムが用意されています。

このほか、義務教育課が独自に行っている研修が二つあります。一つは（5）で触れた大学院派遣研修。もう一つが教員民間企業等派遣研修です。

教員民間企業等派遣研修は、1992年度から制度化。当初は40名程度の応募を数えたようですが、その後は低調で最近では希望者は1桁台に留まっていました。最大のネックは、応募する教員が自力で研修先の企業を探した上で申請する仕組みになっていたことです。さらには、せっかく企業を決めても、日程や先方のニーズの不一致で断られるケースもままありました。また、鹿児島は多くの中小企業によって経済活動が支えられているにもかかわらず、教員が希望する研修先はマスコミや大手企業など知名度のある企業に偏りがちでした。この制度の利活用者をもっと増やすべき、との意見は県議会や教育委員からも出されていましたがここ数年、これといった打開策を見いだせていませんでした。

そこで、鹿児島県旅行業協同組合の本田静理事兼旅行事業部長（第7章も参照）と、本件について意見交換する中で生まれたアイデアを生かして改善を行うことにしました。教員と民間の両方の経歴を持つ本田さんからの助言を受け、長年手つかずだった教員研修の改革に着手することにしたのです。

それでは具体的に見ていきましょう。教員にとってみれば、事前にどの企業でどのような研修が受けられるのかがわからないと不安でしょうし、参加すると決断しても管理職等に対し相談する際には「補強材料」が必要です。そのため、教員の目線にたって、どの企業がどの時期に研修を受け入れる用意があるか、またどのような研修が受けられるのかについて企業等の協力を得て「見える化」することにしました。

その際、研修期間についても工夫を行いました。研修期間のメニューとしては1か月未満、1か月、3か月、1年の4種類あり、教員がその中から選択する仕組みになっていましたが、現場の教師にとってひと月以上、学校を離れるのはハードルが高いことから、1か月未満の短期研修に特化して企業に依頼を行うことにしました。

そこで、2015年夏に様式を作成。経済団体やNPO法人などに説明し、企業数社には個別に足を運んで趣旨にご理解をいただき、様式への記入を依頼しました。いざ話が進むと鹿児島の人たちの動きはとても早く、企業側も迅速に動いてくださり、数か月のうちに「教員民間企業等派遣研修受入一覧表」

[7]が完成しました。

そしてこの一覧表を本研修の募集の段階で添付し各学校に周知を行うと同時に、フェイスブックでも周知しました。並行して、（3）で紹介したとおり、過去にこの研修に参加した先生方の体験談をフェイスブック上に掲載し、研修を受けた当事者による生の声を届けることにしました。

このような改革の甲斐もあって、県内各地の教員に情報が伝わり、興味を持っていただき、長らく1桁台が続いていた派遣希望者が２０１６年度は14名（うち1か月未満が9人）と大きく増加しました。

また、派遣場所についてみても、これまでの「大手志向」から、環境ＮＰＯや地域の中小企業、福祉関係企業、住宅設計会社など多様な派遣先への希望が出されたのも、こちらの意図が伝わった結果だと感じています。この中には先述した本田さんの所属している鹿児島県旅行業協同組合を研修先として希望された池田貴裕先生もいらっしゃいました。中学校の国語がご専門の池田先生は持ち前の探究熱心さと高いコミュニケーション力によりわずか3週間の研修期間中にツアーを2本も作り上げたのです。各地に出向きキーパーソンにインタビューしたり、飛び込み営業したりして、ツアー商品を練り上げたと聞きます。ツアー募集後は参加希望者が殺到し見事商品化が決定。研修参加者への特典として同組合が用意したツアー添乗も経験されるなど大変充実した研修だったようです（図5‐6）。

先生方が主に夏季休業期間中の2～3週間、ふだんでは味わえない民間企業での職務を経験し、働くことの意義や喜びを感じ、キャリア教育の一環として子供たちに伝えるだけでなく、参加した先生自身

7 県教委ホームページより。https://www.pref.kagoshima.jp/ba04/kyoiku-bunka/schoo /kenshu/kibou/documents/5136_20160411190109-1.pdf

の働き方や、職業観を見つめなおすきっかけになればこれ以上の喜びはありません。わずか数週間とはいえ、社会構造の変化を敏感に感じ取り、先を見据えてさまざまな活動を行っている地域の企業で働くことのメリットは大きいと思います。

ところで、逆の流れ—すなわち、民間企業の方も学校現場で（単発の出前授業ではなく）一定期間、研修を行うこと—があってもよいのではないでしょうか。専門知識を子供たちに教えることも重要ですが、より多くの方々に子供たちの実態や、教職員の勤務の様子を知ってもらいたいのです。今回、風穴を開けた企業等派遣研修ですが、学校内外の双方向の人的交流が活発になれば、学校、そして地域社会が変わる好機になるのではないかと期待しています。

図5－6
２０１６年８月３０日付
義務教育課フェイスブックより

鹿児島県教育庁義務教育課さんが写真2件を追加しました。
2016年8月30日

【こんなツアーができました！！（教員民間企業等派遣研修報告）】

本日，「教員民間企業等派遣研修」で県旅行業協同組合"魅旅（みたび）"に派遣されている池田教諭（薩摩川内市立川内北中学校）と派遣先の本田旅行事業部長が研修で作ったツアーの状況報告のために義務教育課を訪問されました。

池田教諭は３週間の研修の中で，「魅力ある授業づくり，生徒・保護者対応のあり方のヒントを学ぶ」を研修テーマに「魅力的な旅行づくり」に取り組み，２つのツアー（「出水大人の贅沢旅」，「入来麓式武家屋敷群郷士体験」）を企画立案しました。

立案に当たって，池田教諭は，20代から30代までの子育て層をターゲットに，体験活動を旅行に取り入れたいとの思いで，関係機関と粘り強く交渉したそうです。持参された自作のパンフレットを見ても魅力が伝わってきます。

本研修の業務の体験を通して，旅行商品を作成する際の創造力，交渉力を身につけるだけでなく，郷土のよさや魅力についても再確認できたとのことでした。… もっと見る

（8）「山村留学日本一」を前面に

人口減少が全国よりも早いペースで進む鹿児島。このまま座して待つだけでは、将来的には1校当たりの学校規模はさらに縮小し、学校教育は停滞していく一方です。県内でも地方部を中心に廃校、統廃合が進んでいます。県全体では移住交流人口を増やすべく、知事部局が各市町村と連携しながら、さまざまな施策を打ってはいるものの、他県も同様に力を入れており、打開策を見いだすことは容易ではありません。

鹿児島の教育関係者と同様に私は、学校の魅力を高め、1校当たりの児童生徒数を増やし、学校の活性化につなげていくことは重要だと考えています。その証拠に、小規模校では、次年度の入学者数が何人になるのか、転入者はいるのか、転出者はいないか。このことが最大の関心事なのです。なぜか。それは、「公立義務教育諸学校の学級編制及び教職員定数の標準に関する法律」に基づき、小・中学校に配置される教職員の数は学級数によって決まり、学級数は子供の数が基本（35人学級の小学1年生を除き40人学級）となっているからです。そのため、子供の数が一人違うだけで、ただでさえ少ない教職員が削減され、また、年度内に転出者が見込まれ学級数の減が想定される場合には、常勤教員ではなく非常勤講師（鹿児島では「期限付教員」と呼ばれる）が充てられ、教員組織としても、学校経営全体においても甚大な影響を及ぼすことになるのです。そこで、鹿児島の小規模校の先生方や地域の方が最も期待しているのが、新年度に新たに着任する教職員の家族構成です。家族同伴かつ学齢期の子供のいる方が赴任（子供が複数いると大変喜ばれます）すれば、当該学校の児童生徒数が増え、それに伴い学級数が増え（あるいは維持され、複式学級が解消され）、学級数に基づき配置される教職員数も増えるのです。

このような状況を少しでも好転させ、学校教育を活性化できないかと思い着目したのが、「山村留学」でした。実は、鹿児島は山村留学の受け入れ数が長野県と並んで全国トップクラス[8]（2015年度は108人の児童生徒を受け入れ）であり、離島をはじめ地方部の小規模校には県外の方を惹きつけて止まない魅力的な土壌がありました。

しかし、受け入れ募集のための広報は、各市町村や地域の方の自助努力に任されていて、これまで県

8　全国山村留学協会調べによる。http://www.sanryukyo.net/blognplus/index.php?c=6-

としては全体の受け入れ数や山村留学を制度化している市町村名をホームページに掲載するという間接的な関与に留まっていました。

さらに、全国1、2を争う山村留学受け入れ県ではあるものの、受け入れ自治体ベースで見ると、種子島の南種子《みなみたね》町が断トツの40名、そして屋久島町の25名が続く構図となっており、残りの自治体の受け入れはせいぜい数名程度に過ぎません。受け入れるには里親となる地域の方の協力は不可欠であり、里親の人数や里親が同時に受け入れ可能な子供の数によって受け入れ人数は異なりますが、もっと受け入れたいという、自分たちの声が県外に届かないことを嘆く自治体も少なくないことから、県教委としても情報発信に協力できないかと考えました。そして、山村留学に留まらず、鹿児島の魅力ある教育を発信することにより、子育て世代の移住者の増にも微力ながら貢献できればまさに一石二鳥です。

そこで、義務教育課内で、プロジェクトチームを発足させ、手始めに簡単なリーフレットを作成することからスタートしました。当然、予算もなく、課の職員の手作りですので、クオリティーは決して高いとは言えません。そのため、鹿児島で知り合いになったウェブサイトやパンフレット制作会社を運営されている専門家にも助言をいただき、何とか思い立って1週間程度で完成させることができました。このリーフレットは、先に述べたフェイスブックに掲載するとともに、県外の方を対象としたイベントで配布してもらおうと、移住推進を担っている知事部局の地域振興課と相談をすることにしました。その結果、県外移住者向けのホームページに掲載していただくことが即座に

図5-7
「鹿児島の教育」リーフレット

決まり、また、同課の主催により移住希望者向けに行っている県外でのイベントで配布することにもなりました。

当初は、作成したリーフレットを配布するだけにとどめるつもりでしたが、日時が合えば課の職員を派遣し、イベントの参加者にアピールしてもらうのが効果的ではないかと考え、白羽の矢を立てたのが、義務教育課の辻慎一郎企画生徒指導係長（当時。第7章も参照）でした。辻係長のプレゼン力には定評があり、また、離島（三島村の硫黄島）での勤務時には山村留学生を受け入れ、間近で指導していた経験もあることから、本人に私の意図や思いを伝えたところ、二つ返事で快諾してくれました。このようにフットワークが軽く、前向きな職員が私を支えてくれていることに改めて感謝いたしました。

このイベントは、２０１５年11月15日に開催され、県教委から、辻係長が参加し、鹿児島の教育の魅力や山村留学の状況について説明を行いました。このようなかたちで知事部局と連携して仕事ができたことは大変有意義な経験でした。県外向けに鹿児島の魅力を発信したい知事部局と、その魅力の一つである学校教育をアピールしたい県教委の思いが一つになった好事例といえるでしょう。大役を終えた辻係長によると、具体的な学校教育の姿を知ることができたと参加者から大変好評を得たと聞いています。

しかし、達成感に浸っている時間的余裕はありません。イベントが終わった後は、今後の展開について考えなくてはなりません。本事業の事務局を担っている東京・有楽町にある「認定ＮＰＯ法人ふるさと回帰支援センター」の相談員川口塔子さん（第7章も参照）と、メールや電話を通じて、連絡をとら

移住交流会セミナーで鹿児島の教育をPRする辻係長

せていただき、移住希望者の教育への関心やニーズ、今後の展開に向けたいくつかのご提案をいただきました。

その中で、山村留学のイメージがわかるリーフレットを作成し、その中に、実際に県外から鹿児島に来て学ぶ子供の声や里親、教員からのメッセージを入れてはどうか、というご提案をいただきました。確かに、我々が作成した1枚紙のリーフレットでは情報が不足していま す。山村留学の具体的なイメージをお持ちでない方にどう伝えるか課内の係横断的なプロジェクトチームで検討することになりました。

本来業務もある中、業務多忙な年度末の合間を縫って、課の職員がひな形を作成し、年末ぎりぎりに、受け入れ実績のある自治体に「お願いベース」で記載を依頼しました。

ふるさと回帰支援センターで川口さんと意見交換

山村留学をより身近に感じてもらうためには、子供たちの写真があるとよいのですが、本人や保護者への許可も必要になるため、調整に時間を要しました。しかし、先に述べたように市町村教委や学校現場にとっても、学校存続や学校の活性化につながる可能性を秘めた取組であることから、限られた時間の中で一生懸命対応していただきました。そして、私自身も年が明けた2016年1月上旬、東京出張の際に、前述のふるさと回帰支援センターに足を運び、進捗報告も兼ねて、川口さんと意見交換させていただき、相談者の年齢層、具体のニーズや各種イベントの詳細、資料を備え置く場所などを教えてもらいました。この打ち合わせを通じ、リーフレットを早期に完成させ、より多くの相談者の方々に触れてもらうことが、山村留学や移住を決定する際の決めての一つになり得るものだと意を強くしました。

鹿児島に戻りプロジェクトチームと情報共有しリーフレットの必要性を再確認し、いよいよ最後の追い込みです。プロジェクトチームの下古立浩指導主事（当時）が、市町村教委と粘り強く調整をし、市町村から提出された原案をとりまとめ、体裁を合わせ、何度かの修正を経て、２０１６年3月にようやく完成にこぎつけることができました。ホームページに掲載されたのは私が鹿児島を去る1日前の3月30日でした。最終日となった翌31日には地元紙でもリーフレットの存在を取り上げていただきました。

リーフレットはご覧のように、山村留学生を受け入れている学校の教員や、子供たちの親代わりとなって生活を支える里親の方、現役の山村留学生らの写真をたくさん掲載するとともに、それぞれからのメッセージが添えられています。学校の特色は何なのか、どのような地域なのか、どのような先生がいて、どのような里親さんが受け入れてくれるのか。そして先輩山村留学生はどう感じているのか。受け入れ先の顔が見えず不安を抱えている親御さんや子供の目線に立って、そうした不安や疑問に少しでも答えられる内容になっているのではないかと思っています。

現在、このリーフレットは鹿児島の移住に関心をお持ちの方の目に留まるように、ふるさと回帰支援センターに数十部、常備させていただいています。移住の決心がすぐにはつかない方の中には、まずは子供に山村留学を経験させてみて、子供が鹿児島を気に入ったら、家族で移住する方もいらっしゃるようです。また、移住する際には、移住先の土地についてさまざまな情報を入手し、検討されるはずです。

子育て世代であれば、「近くに病院はあるのか」と同じくらい「学校がどこになるのか」や「どういった学校なのか」が気になるに違いありません。自治体がどれだけ教育に熱心に取り組んでいるか、特色ある教育が行われているのか、などの疑問もあるに違いありません。新たに作成したリーフレットは、山村留学だけでなく、移住を検討されている方にとっても有益な資料になっていると考えています[9]。もちろんこれで取組が完結したわけではありません。もし仮に予算の確保が可能であれば、ビデオメッセージのような動画形式にしてフェイスブックに掲載したり、移住交流セミナーで紹介したりすることも効果的といえるでしょう。また、他県で行われているような山村留学お試しツアーのようなものも検討の余地ありです。学校教育と移住促進を結び付けた地方創生の取組としても期待できそうです。

こうした取組が奏功したのかはわかりませんが、２０１６年の山村留学の受け入れ人数は前年度を29人上回る１３７人となり過去6年で最も多い人数となりました。そして、受け入れ自治体についても、２０１５年度では受け入れ人数が二桁台だったのは4自治体だったところ、6自治体に増え、また、受け入れ自治体数も10市町村から14市町村へと拡大しました。

離島やへき地の学校にも細やかに目配りする県教委でありたい、県の抱える課題に教育行政の立場から貢献できないかという思いだけで取り組んできました。ですから、このように、従来の業務の枠を超え、知事部局とも連携しながら新たな事柄にチャレンジさせていただいたのはよい経験となりました。

知事部局や教育委員会がそれぞれの業務の枠にとらわれていたのでは解決できない課題が今後ますます増えていくように思います。「連携」という言葉は安易に使われますが、形式的な連携ではなく、アイデアを出し合い、互いにできることを突き詰め、多少業務の枠を超えてでも挑戦し、それぞれの行政課題の解決に向かうことが、鹿児島のような地方の県にとってはとりわけ大切だと思います。

9　例えば、瀬戸内町では子供を持つ家族の移住促進の取組に力を入れており、家賃補助等の助成を行っている。２０１７年５月18日付南海日日新聞の記事によると、瀬戸内町の加計呂麻島では、１９８２年以降、２校が廃校、４校が休校中であり現在島内には５小中学校に小学生39人、中学生14人が在籍しているが、そのうち４割超の22人が島外からの移住者で占められており学校存続に寄与している。

コラム

「落書き」のない美しい鹿児島

「鹿児島ではほとんど落書きを見かけないし、歩道の隅に植えてある花壇はいつ見ても雑草一つない。これらは他県と比べても際立っており、学校教育の成果といえるのではないか。」

これは、私と同じように霞が関から出向していたある県庁幹部の言葉です。

確かに街を歩いていても落書きを見かけることはなく、路傍の小さな花壇に雑草が伸び放題ということもまずありません。公共物を大切に使い、よりよい生活環境を自分たちの手で整える、という意識を県民の多くが共有しているといっても過言ではないでしょう。学校教育だけの成果、とまで言い切ることはできませんが、県内のどの学校でも、保護者や地域の方々の協力を得ながら校内の美化に取り組んでおり、そのおかげで子供たちも気持ちよく学ぶことができているのですね。

本題から逸れますが鹿児島で落書きといえば、郡山八幡神社（伊佐市）があまりにも有名。この神社で、現存する最古の「焼酎」と書かれた文字が、しかも落書きの中から発見されたというのです。昔の鹿児島の人が「落書き好き」だったかどうかはわかりませんが、これは当時の風俗を今に伝える貴重な落書きですので、絶対に消してはいけませんね。

第6章　魅力的な鹿児島の学校教育

在任中、鹿児島県内の学校を何校も訪問するうちに、学校長や市教委の指導主事らと話をしていて、ふと、あることに気付きました。当時、学力調査の結果の低迷やいじめの件数の多さなどネガティブな情報がマスコミを通じて大きく喧伝されていたからか、あるいは地道に取り組んでいる教育活動が世間から評価されていないことへの苛立ちや諦念のせいか、県内の学校現場に言いようもない閉塞感が漂っていたのです。

しかし、実際に学校を訪問し、授業を見学したり、研修会で先生方と意見交換をしたりする中で、他県と遜色ない鹿児島の学校の底力や先生方の教育にかける情熱を感じましたし、それだけではなく、鹿児島の学校教育の他県にはないさまざまな「魅力」を発見しました。

この「魅力」は鹿児島で生まれ育ち、県内の学校で教育を受け、大学を卒業し、鹿児島県の教員採用試験を受け、鹿児島の学校で勤務している教師にとっては、当たり前すぎて、見過ごされているかもしれません。だからこそ、先生方に県の施策を周知し、協力をお願いするばかりでなく、鹿児島の教育の「魅力」を紹介し、発信することで、教職に対する誇りを持ってもらうことも、霞が関から派遣された県外出身者の私の責務ではないかと感じました。

私は、義務教育課主催の会議や県内の各地区、各市町村教委が主催する研修会等で講演する機会が数多くありました。そうした場では、時に厳しいことを言ったり、ご協力をお願いしたりすることもありますが、どんなときでも鹿児島の教育の「魅力」に必ず触れるよう心掛けてきました。なぜなら、先生方を鼓舞し、やる気になっていただくことも私の使命だからです。

それでは鹿児島の学校教育にはどのような魅力や特色があるのか具体的に見ていくことにしましょう。

（1）伝統を重んずる気風

鹿児島は第2章で見たとおり、戦後、人口流出が続いてきた関係で大都市圏とは違い、学校数が減ることはあっても新設されることは極めて稀でした。その影響もあって、明治時代から続く伝統校（小学校）が各地にたくさん残っています。そして、伝統校と呼ばれる各学校の校舎には決まって「創立〇〇周年」と書かれた横断幕が堂々と掲げられています。

注目すべきは、この「〇〇周年」。１００周年や１２０周年といった切りのよい数字なら何ら不思議ではありませんが、１２１周年や１３３周年など（例えば写真の小学校の場合、創立１４３周年）、切りの良し悪しに関係なく、毎年横断幕の数字を変え、また、周年行事を行い、その学校が刻んできた歴史の重みを子供たちに伝え、母校愛を育んでいるところは鹿児島ならではの特色といえるでしょう。鹿児島のようにほぼ県内全域にわたり横断幕を掲げ学校の歴史と伝統を重んじる学校が存在する例をほかに知りません。

さらにいえば〇〇周年の横断幕と合わせて、校訓を高らかに校舎に掲

創立 143 周年の横断幕がはためく奄美市立名瀬小学校

げている学校も県内各地で見かけます。その中には、薩摩藩時代の郷中《ごじゅう》教育の教えである「負けるな、うそをつくな、弱い者をいじめるな」や、西郷隆盛の座右の銘とされている「敬天愛人」を校訓に掲げる学校もあります。郷土の偉大な先人たちに守られているような、また、先人に恥じない生き方をしないといけないと戒められているような気さえして思わず背筋が伸びる思いです。

また、伝統校が多いということは、同時に、長い年月をかけて紡いできた学校の歴史の存在を意味します。創立時に大変苦労しながら学校を運営した校長の存在があったり、私財を投げ打って校舎を建てた地元の名士がいたり、名物教師がいたり、立派な卒業生がいたり、戦後の焼け野原の青空教室で学ぶ姿があったり、子供たちに語るエピソードに事欠きません。例えば、東串良町立柏原小学校では、放課後、海で児童を泳がせている最中に何人かの児童が溺れてしまい、その子供たちを救助した須田久徳訓導（訓導は「先生」の意）が力尽きて亡くなったという戦前の出来事を今も語り継ぎ、子供たちに伝える活動を行っています。

このようなエピソードを道徳科における郷土教育などの学習と関連づけることもできるでしょうし、学校に愛着を持ち、伝統ある学校で学んでいることを誇りに思い、自己肯定感を高める一助にもなるのではないでしょうか。

（2）学校大好き鹿児島っ子

鹿児島の子供たちの朝はとにかく早い。県庁の始業時間は8時半でしたので家を出発するのは8時ごろでしたが、その時間帯に子供たちを見かけることはまずありません。周りにはマンションがたくさん建ち並び休みの日には子供たちを見かけるのにいったいいつ通学しているのだろうかと、試みに7時半すぎに家を出てみると、ようやく登校途中の子供たちの姿を見かけることができました。そんなに早く登校して何をしているのでしょうか。学校によって異なりますが、ボランティアで清掃したり、校庭で元気よく遊んだり、読書をしたりしていると聞きます。子供たちは根っからの学校好きなのです。学力調査の児童生徒質問紙で、「学校に行くのは楽しいと思いますか」との質問に対して「そう思う」と答えた子供の割合が全国平均を常に上回っているのも頷けます。指導主事から聞いた話ですが、離島域や地方部では公園がほとんどないため、子供たちは下校するとランドセルを置いて、また学校へ遊びに行くのだそうです。学校が公園の機能も果たしているのです。また、「おやじの会」が県内各地に組織され学校を盛り上げていることからわかるように、保護者も子供に負けないくらい学校好き。学校のために協力を惜しまない保護者がたくさんおり、学校を支えています。

子供たちの登校が早いということは先生方の出勤はさらに早いということですので、手放しでよいことだとはいえない面もありますが、子供たちが学校にポジティブな思いを持っているということは先生方が日ごろから子供一人一人ときちんと接し、関係性を築いていることにほかならず、そのご尽力に敬意を表する次第です。

（3）地域と溶け込む教職員集団

鹿児島の教育を語るとき、真面目で子供に全力で向き合う教職員のことを忘れるわけにはいきません。例えば、指導主事から仄聞した話では、台風の前後の教職員の団結力や使命感は目を見張るものがあるそうです。台風の接近は全国どの学校でも危機管理上、最も注意を払わなくてはならないリスク要因といえるでしょう。鹿児島の先生方は学校が休校になったとしても率先して学校に駆け付けます。子供の安否確認に加え、学校が避難所になる可能性もあることから、学校の被害状況の確認や通学路の安全確認など一糸乱れぬ団結力で学校を守り、子供たち、地域の方たちを守るのです。

そして既にご紹介したとおり鹿児島の教職員には広域異動の仕組みがあります。県内を広域的に異動する教職員の大変さや教育に真摯に取り組む姿勢、地域に溶け込もうとする様子を保護者や地域の方々もよくご覧になっているからでしょう。鹿児島では他県以上に教職員が頼りにされ、大切にされているのではないかと感じます。そう感じる象徴的な事例は、ＰＴＡなどが主催する教職員の歓迎会です。新年度が明けると新たに転入してきた教職員を迎える歓迎会が県内各地で催されます。その様子は地元紙の地域欄やテレビでも放送されるほど。いわば鹿児島の風物詩とも呼べる行事なのです。例えば、長島町ではブリのビンタ（頭）の煮付け、枕崎市ではカツオのビンタ料理、姶良《あいら》市（加治木）では巨大な加治木まんじゅう、伊佐市（菱刈）では星形の押しずしなど、歓迎会のために特別に準備した地域の特産品を教職員のために振る舞い、地域の一員として迎え入れるのです。保護者や地域の方から熱烈な歓迎を受けた教職員はこのことを意気に感じ、新天地でやる気を出して職務に全力で取り組み、家庭や地域から信頼され、さらにやる気を出すという好循環が生まれるのでしょう。

このように、鹿児島では、地域社会の拠点施設として学校が位置付けられ、地域が学校を支え、教職員が地域に溶け込んで地域を守る、という文化がいまだに残っているのです。学校、家庭、地域の連携は不可欠ですが、仮にこれら三者の結び付きの度合いを測る指標があるとすれば鹿児島は全国トップクラスに違いありません。

（４）大学附属のようで附属でない学校の存在

鹿児島には「代用附属」と呼ばれる一般には聞きなれない言葉の学校が２校あります。鹿児島市立田上小学校と伊敷中学校です。これらの学校は学校名の前に「鹿児島大学教育学部代用附属」を冠しています。全国でも鹿児島や佐賀などごく限られた地域にしかない代用附属学校。そもそも「代用附属」とはいったい何なのか。代用附属の位置付けを探ることで鹿児島県の先生方の研究熱心さの秘密が解き明かされることになるはずです。

教員養成系の大学には法令に基づき附属学校を設けることが義務付けられています。そのため、全国各地に「〇〇大学附属△△小学校」と呼ばれる学校があるのはご承知のとおりだと思います。

鹿児島県内には、鹿児島大学教育学部が県内唯一の国立教員養成学部として附属学校を有しており、幼稚園、小・中学校、特別支援学校が設置されています。それぞれの学校は、教育学部と緊密に連携しながら、教育学部で提唱された研究や理論を実践するいわば研究校、実験校として、あるいは、教育学部の学生の教育実習の受け入れ先として位置付けられており、県内でも長年にわたり高い評価を得ているところです。一方で、こうした附属学校と同様、入学者選抜を行っていることから、選抜のない一般の公立校とは児童生徒の構成が異なっていることは否定できません。

そこで鹿児島県には冒頭に述べたような代用附属校を設け、ごく普通の公立学校で研究を実践し、実践結果を研究公開などで県内外に発信したり、教育学部にフィードバックしています。もちろん、附属学校で受け入れきれない教育実習生の受け入れ先という機能も有しています。

例えば、鹿児島市立伊敷中学校は１９４７年に開校し、その翌48年に鹿児島県師範学校（現鹿児島大学教育学部）教育実習指定校となった後、1951年に代用附属校としての位置付けが付与されています。そして1952年からは第1回研究公開が始まり、研究校としての地歩を固めてゆくことになります。その記念すべき第1回のテーマは伊敷中学校のウェブページによると「自発性の原理に立つ学習指導」。前年に文部省が定めた学習指導要領試案にある経験主義的な考え方が色濃く反映されていることからも、国の教育改革の動きを敏感に感じ取ったテーマ設定であるといえます。鹿児島大学の附属並みという点で、象徴的ともいえるのが校長室の独特な光景です。伊敷中学校では、校長のデスクのほかに、「代用附属主事」のデスクが隣同士で並んでいます。現在は第5章でもご紹介した鹿児島大学教職大学院の有倉巳幸教授が主事を務めておられます。このように伊敷中学校の先生方は、大学教員からサポートも得ながら附属校に負けない研究実践に日夜取り組んでおられるのです。

鹿児島市立伊敷中学校の風格ある校舎

そして、2017年5月に行われた研究公開の研究主題は「新しい時代を切り拓く資質・能力を身に付けた生徒の育成～「生徒の学び」に視点を当てた授業改善～」。主体的・対話的で深い学びやカリキュラム・マネジメントなど、新学習指導要領を先取りした研究テーマを設定しており、県内の学校関係者に一つのモデルを提示するものといえるでしょう。学習指導要領が改訂されたばかりということもあって、今年は特に参加者が多かったと聞いています。

しかも、看過することのできない重要なポイントが隠されています。研究指定校が行う研究公開は2学期か3学期に行われることが通例です。通常、このような研究校は前年度末に指定されるため、年度単位で検討が進められることになります。1学期の前半に校内で研究テーマについての議論がなされ、授業者が決定されます。そして各授業者は研究公開まで、教育委員会の指導主事のサポートも得ながら必死に準備を行うでしょう。そうなるとおのずと研究公開日は年度の後半になるのですが、田上小学校や伊敷中学校では伝統的に1学期に研究公開が開催されています。両校が半永久的に研究校ということもあって、指定プロセスもなく前年度から準備ができるのが大きな要因なのです。

　ところで私は、田上小学校や伊敷中学校のように県内を代表する研究校が1学期に研究公開を開催することのメリットは極めて大きいと考えています。私は両校の研究公開に参加した経験がありますが、研究公開当日は県内外から参加者が集まり、教室内や廊下は先生方や教育学部所属の大学生らで混み合い、大変な熱気に包まれます。参加者は一つでも多くのヒントを得ようと、メモを走らせたり、授業者の様子や生徒たちの反応を固唾をのんで見守っています。そして研究公開で参考になった教育実践を自校に持ち帰り、自身の実践の参考にするはずです。1学期の公開故に、授業改善を当該年度から実践することが可能となるのです。2学期後半や3学期だと、せっかく得た知見も十分に授業に還元されぬまま多忙な年度末に突入してしまいかねません。

大勢の参加者が来校した2017年の研究公開

　このように、市立の学校でありながら、大学附属校のような役割を担う研究校2校の存在は県内においても重要な意味を持っているといえましょう。授業の中身を常に問い、改善し、子供たちの学びを深めていくことの重要性を提起し発信することで、先生方に授業改善の意識を高めてきた両校は、鹿児島において授業研究の文化の定着に一役買い、また、戦後70年以上にわたり教育界を引っ張ってきた陰の立役者ともいえます。これからも次代を見据えたさまざまな授業研究や、地に足の着いた実践に大いに期待したいです。

（5）特色ある学校行事

鹿児島ほどバリエーション豊かな学校行事を持つ地域はほかにないのではないかと思うくらい鹿児島の学校では多様な行事が営まれています。これも（1）に関連して明治以来、いや古くは薩摩藩時代からの歴史と伝統を引き継ぐ鹿児島の学校教育ならではと呼べるのかもしれません。

①遠行

まずは、鹿児島県民であれば誰でも知っている学校行事の代表格ともいえる「遠行《えんこう》」です。県外出身者だと何と読めばよいのかと戸惑うくらい耳慣れない言葉です。学校訪問の際に提供される資料には「寺山遠行」とか「妙円寺遠行」などというふうに「目的地＋遠行」と記載されることが多いようです。どのような行事かといえば、読んで字のごとく学校から遠くにある目的地までひたすら歩き抜くのです。距離も数キロ程度から20キロを超える長距離までさまざまです。高校だと30～40キロの距離を歩く学校もざらです。

これは薩摩藩独自の教育スタイルである郷中《ごじゅう》教育（地域の中の年長者が年少者を指導する人材養成システム）において大切にされてきたいくつかの教育メニューの一つである「山坂達者」の名残だとされています。どんな困難にぶつかっても最後まで諦めずに乗り越えるための鍛錬といえるでしょう。かの西郷隆盛も経験しているのですから効果は絶大です。かつて子供の体力づくりのために県が山坂達者を奨励したという経緯もあるようですが、こうした行事が県内各地域に残っているのは興味深いことです。

なお、上記でご紹介した郷中教育の魅力を現代でも取り入れようという動きが県内にあります。学校外の取組になりますが、公民館等で寝泊まりして学校に通う「ふるさと学寮」がその一つです。県内のいくつかの自治体で取り組まれているものですが、この「ふるさと学寮」では1週間程度、異年齢の子供たちが集団活動を行い、年長者は下学年の子供たちをケアし協調性や社会性を育んだり、自分でできることは自分でするという自立心を養ったり、保護者への感謝の気持ちを涵養するなどの効果が報告されています。また第7章でご紹介する「学舎」という仕組みはまさしく郷中教育の精神を今に伝える貴重な学びの場といえます。残念ながら現在、活発に活動している学舎は数えるほどになってしまいましたが、子供たちの放課後の受け皿として、今後この役割は増していくことでしょう。

②遠泳

遠泳も鹿児島県内の沿岸部に位置する学校で実施される定番の行事です。鹿児島市内では伝統的に市立清水小学校と市立松原小学校の2校が遠泳に取り組んでいると聞き、日程の都合から清水小学校の取組（同小学校の取組は学校の教育活動外との位置付け）を見学させていただきました。桜島からスタートして、錦江湾を横切り対岸の磯海岸までの約4キロの距離を泳ぐのです。当初、義務教育課の職員から「課長も子供たちと一緒に泳いだらどうですか」と冗談めかしに言われましたが、実際に児童が泳いでいる様子を見て、断っておいてよかった、と何度も思いました。当初は順位を競い合うものかと思っていたのですが、そのイメージとはまったく異なり、子供たちが隊列を組んでお互いに声を掛けながら泳ぐのです。隊列の周りには先生や水泳の指導者、保護者、救護等の方の乗った船がぐるっと取り囲み事故がないよう細心の注意を払っています。

子供たちが皆で励まし合って泳ぐ姿は見る者の心を打ちます。初めて遠泳にチャレンジする子供は隊列の真ん中に配置され、水泳帽の色も異なります。経験者が初参加の子供たちに声を掛けながら引っ張っていく姿を間近で見ると教育的に意義のある行事だということに気付かされます。それぞれの子供たちがこの日のために猛練習し、また、教師や保護者も子供たちに毎日付きっきりでサポートしてきたと聞きました。この日は潮の流れが泳ぎを難しくし、例年以上に時間を要しゴールまで2時間半を要しましたが、ゴールした子供たちの達成感のある表情といったら例えようもありません。

遠泳においても、年長者あるいは経験者が年少者や初心者を教え合うという郷中教育の精神が息づいていると聞きます。遠泳そのものは鹿児島独自の行事ではないかもしれませんが、遠泳に取り組んでいる学校の多くは、鹿児島の伝統と結び付けながら、子供たちの最後まで諦めずにやり抜く力やたくましさ、協調性、チームワークなどを育成してきたのでしょう。こうしたところにも鹿児島の教育のよさが浮き上がってきます。

エイエイオーの掛け声で士気を高める清水小学校の児童

③始業式・終業式のスピーチ

体力系の行事が続きましたので今度は趣向を変えてみたいと思います。鹿児島では県内どの学校でも始業式や終業式で子供たちのスピーチが行われます。県民の方に「珍しいですね」と申し上げると怪訝そうな顔をされるくらい鹿児島の人たちにとって馴染み深い教育活動なのです。7月末の終業式や9月1日の始業式の日は、お昼のニュースで決まって県内の学校の様子が映し出されます。私が気付いたのは、何気なく昼食をとりながらテレビを見ていたときでした。スピーチをしている子供の様子が目に飛び込んできたのです。周りの職員に聞くと、9月の始業式には夏休みの過ごし方を総括し、新たな学期にどのような思いで臨むのか抱負を述べ、終業式には、学期内で達成したことや反省点を踏まえ長期休業日をどのように過ごすか発表する、とのことでした。

ほかの県では一部の学校で取り組んでいる例はあるようですが、鹿児島のように県内のどの学校でも取り組んでいる例はほかになく、県内に広がった経緯はいまだにわかりません。ただ、鹿児島の学校では、子供たちが活躍する機会を付与することにいかに大変心を砕いているかということがこうした行事からもうかがえるでしょう。もちろん大規模校になると全校児童生徒の前で発表する機会を与えられる子供は一握りでしょうが、中規模校以下の学校が多い鹿児島では、卒業までに一度は皆の前で発表するチャンスがあるはずです。

また、発表する子供の選び方も教育的です。成績もよく物おじしないような子を選ぶことも当然ありますが、むしろ、自分に自信を持てない子や、勉強や運動で目立たない子などを指名していると先生方からお聞きしました。そして、発表までの間に、担任の先生と何度も何度も文案の添削を受けるなど準備を進め、最終的には、暗記して発表させる学校も多くあります。

このように大変興味深い教育的な行事を一度、自分の目で見てみたいと思い、鹿児島市立八幡小学校の2学期の終業式にお邪魔してその様子を拝見しました。授業を見学することはあっても、始業式や終業式といった特別活動の様子を見学したのはこのときが初めてでした。2学期の反

鹿児島市立八幡小学校の終業式

省と冬休み中の勉強や家族との過ごし方について児童が元気よく発表していたのが印象的でした。

言うまでもなく、全国3万校の小中学校は判で押したような画一的な学校教育が行われているわけではありません。学ぶべき一定の水準の教育をきちんと確保した上で、各地域で特色ある活動が行われることが何よりも大切だと思います。鹿児島では独特の行事がたくさんあります。私は鹿児島の先生方がもっとその特色を自覚し、自信を持って楽しみながら教育活動に勤しんでいただきたいのです。そのためには、私のような県外の人間が鹿児島の学校行事のユニークさを伝えることも大切だと思い、ここに紹介させていただきました。

このほかにも本土の地方部や離島部の学校には必ずといってよいほど校庭内に土俵が設置されていることも、県外出身者からすると信じられない光景ですが、学校行事はもちろんのこと、地域の相撲大会も催されるそうです。地域と学校の距離感が非常に近いことを雄弁に物語っています。また地方部、特に小規模校の場合には小中学校の運動会と地域の運動会を兼ねる学校も少なくありません。私も運動会シーズンに県内を観光した際、開会式で大人と子供が一緒に入場し、教員も競技に参加する様子を見かけたことがあります。小規模校ならではの微笑ましい光景です。

これは学校の教育活動というよりはむしろ社会教育の範疇になると思いますが、「朝読み」、「夕読み」という活動もあります。ただ読書を推奨するというわけではなく、公民館などに子供が行ってマイクの前で音読し、地域の防災無線を通じて、地域内にその音声を流すというもの。子供たちは毎日交代しながら物語の続きを読み進めていくという活動で、地域のお年寄りも毎日楽しみにしているのだそうです。始業前なら「朝読み」、放課後の時間なら「夕読み」と呼ばれます。この「朝読み」「夕読み」も、子供たちが活躍する場を提供する活動の一環と位置付けることができるのではないでしょうか。

これらは鹿児島の学校行事のほんの一部に過ぎません。ひたすら歩いたり、泳いだりと古風で質実剛健の気風が漂っているものもありますが、これらに共通していることは優劣や勝敗を決めるためのものではなく、子供たちが助け合い、それぞれの役割を果たしながら目標に向かって取り組み、全員で乗り越えることに重きを置いているということなのです。さらにいえば、先生方が子供たちの輝く場の設定を長い年月をかけて研究し作り上げてこられ、歴史の荒波にも負けず現在まで続いていることこそ特筆すべき点でしょう。

今後の学校行事の充実に向けての私見を申し上げるなら、伝統行事の果たす意義、役割を大切にしながらも、例えば、子供たちが行事を企画運営したり、教育上のねらいを学校経営目標や各教科等との関係で明確にしたりすることも一案として考えられるのではと思います。

（６）談論風発の〝飲ン方〟

県教委での仕事の中心は県庁16階の義務教育課の執務室です。しかし執務室だけで仕事が完結するわけではありません。同僚とのコミュニケーションを円滑にし、胸襟を開いて課内の業務について思うところを議論したり、これまでの職歴や学校でのエピソードを聞いたりするためには飲ン方（飲み会のこと）が効果的でした。皆、飲ン方好きで話し好きなよき同僚たちですので、毎回、大変盛り上がります。

飲ン方開始後30分ほどは他愛のない話や、「課長、鹿児島の焼酎には慣れられましたか？」というお決まりの質問（この質問は鹿児島での飲ン方で毎回必ずといってよいほど出される頻出質問です）が投げかけられるなどしてゆっくりと過ぎて行きますが、しばらくして、職員のギアが徐々に入ってくると、

「鹿児島の学力向上には何が足りないのか」「県教委と現場の温度差を埋めなくてはいけない」「特別支援教育の視点を学校経営の中に取り入れるにはどうすればよいか」「授業力をどう高めていくべきか」など鹿児島の教育課題についての議論に収斂されていきます。同僚たちが鹿児島の教育を真剣に考えていることを嬉しく思う瞬間です。こうしたとき、指導主事などから日ごろは胸の内にある本音や問題意識を聞き出し、そこから施策改善のヒントを得ることもしばしばありました。時折、私の方にも「課長、もっと伸び伸びやってくださいよ。遠慮することないですよ」「研修会の説明が早口なのでゆっくり話さないと聞き手の頭に入らないですよ」と同僚たちから注文が飛んできます。同僚たちのこのようなまっすぐな思いをしっかり受け止め、帰宅してから飲ン方でのやりとりを思い返してメモを取り翌日からの業務に生かすよう心掛けていました。

第1章で少し触れたとおり課内の職員の大半は私よりもずっと年齢が高く、いわば人生の先輩たちです。私の父は、私が鹿児島に出向する3年前に脳幹出血で急死し、教員をしている弟は横浜に在住のため、兵庫県の実家には母が一人で暮らしています。ですから、課の職員から親の介護の話や、健康面の話を聞くと、10年後、20年後の自分自身のことに重ね合わせて考えずにはいられません。また、同僚の多くはあと10年前後で定年を迎えます。彼ら・彼女らと同じくらいの年齢になったときに、同僚に負けないくらいに教育に情熱を注げているだろうかと考えさせられるのです。

（7）開かれた義務教育課と異業種の勉強会

鹿児島に在職中、教育関係者とのつながりは大切にさせていただきましたが、仕事の関係を離れた人脈も仕事を進めていく上で重要だと考え、県の知事部局の職員主催の異業種の会合などに顔を出し、そこで知り合ったメンバーで集まったり、またその友人が友人を紹介したりといったかたちで、仕事外のネットワークを構築していきました。鹿児島の教育関係と異なる業界の方々が学校教育についてどのように考えているかを把握することは大切だと認識していたからです。

しかし、このようにして知り合った方と私だけがつながりを持っていては私が鹿児島に出向している意味はなく、文部科学省に戻った後に鹿児島に何も残すことはできません。せっかく得たネットワークですから、義務教育課の職員にもつなげることで、有機的に人と人がつながり化学反応を起こして、ひいては県内の学校教育の発展に少しでも貢献できるのではないかと考えました。

そう感じた理由は以下のとおりです。私がさまざまな方からのご紹介を受け、県内の各分野で活躍されている方にお会いしたことを課の職員に伝えた際に、お名前は聞いたことがあるが話を聞いたことはない、でも機会があればぜひお会いして話を聞いてみたい、という前向きな反応が返ってきたのです。課の職員も異業種の方との接点やそこから得られるインプットに飢えていたのだと感じました。

そこで、「この方はぜひ」と思った方にお声掛けし、県庁まで足を運んでいただき、「義務教育課勉強会」と称してミニ講演会を開催しました。指導主事をはじめとする課の職員も教育関係者の人たちとだけ接していてはいけません。義務教育課の職員こそ、幅広い視野で社会の動きを洞察し、社会の変化を学校教育における指導と結び付け、市町村教委や学校の先生方にお伝えする責務があるからです。当然ながらこの勉強会のために計上した予算はありません。ご講演いただく講師の方には申

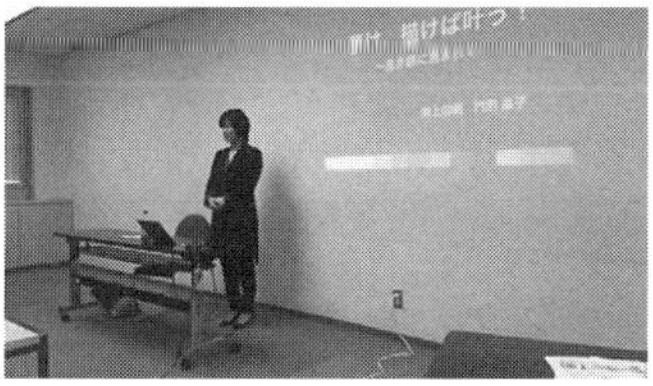

門田晶子氏をお招きしての勉強会

し訳ないと思いながらも謝金も交通費もお渡しできないのですが、お声掛けすると二つ返事で快諾していただく方ばかりで本当にありがたかったです。そして、いつも、「鹿児島の教育のために自分ができることなら何でもしますよ」と暖かい言葉をかけてくださいました。立場が異なっても鹿児島の子供たちのためになることであればどんな協力も惜しまないという鹿児島の方に共通する思いを感じました。私たちはこうした勉強会を月1回ペースで開催し職員とともに学び続けるようにしました。

例えば２０１５年10月20日には大変ご多用な中、お仕事の合間を縫って渕上印刷株式会社の門田晶子社長（当時）に来課いただきました。門田さんは持ち前の語学力と行動力を生かして、経営者としての手腕もさることながら、ご自身の仕事の枠を超え、鹿児島の食文化を英語でわかりやすく発信したり、県のさまざまな会議で要職を務めるなど、社会貢献活動に大変意欲的に取り組んでおられ、ぜひともお越しいただきたいと思っていた方です。門田さんは、人生の節目節目で恩師が背中を押してくれたことや、夢の実現に向けて20年以上在住したアメリカでさまざまな経験を積まれたこと、経営者の視点から業務改善や職場の雰囲気づくりで心掛けていることなどについて講演をいただきました。教育行政に携わる我々にとって、進路指導の大切さや、グローバルな視点を持つことの意義を改めて認識することができたと思っています。

こうしてお呼びした講師の方々からも、県教委に堅苦しい印象を持っていたが、実際に訪問して職員の方々と話してみると、全然そのようなことはなく、印象が１８０度変わったと口々におっしゃっていただき、県教委のイメージ向上にも寄与しているのかもしれないと感じるようになっていきました。

また、義務教育課の業務からは外れますが、２０１５年秋に異業種の仲間で声を掛けあい「白地図協議会」と称する勉強会を立ち上げました。鹿児島県全体を俯瞰してみて、どの地域にポテンシャルがあるか、ポテンシャルを生かすためにどのような方策があるか議論したり、輪番で自身の携わっている仕事や研究内容について発表し、意見交換し知見を広げたり、県内を回り、世間には知られていない自然や文化財、名産品などをどうすれば県内外に発信できるか真剣に議論したりといった活動に取り組みました。メンバーは県庁職員、県議、市職員、大学教員、学校教員、観光業界、金融、マスコミ、医療関係など異なる分野で働く方、また、私のように数年間の任期で県外から鹿児島に赴任する者、鹿児島生まれ鹿児島育ちという生粋のネイティブ鹿児島県民などの混成で、メンバーが周りの友人や県外から出張に来た知り合いを飛び入りで来てもらうといったように堅苦しくない出入り自由の勉強会の形式をとりました。

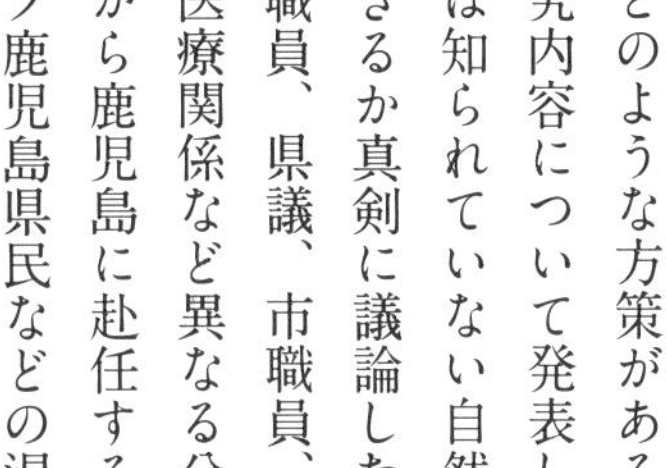

音楽館 Rain で実施した白地図協議会の様子

　このように、教育関係者以外の方とも極力接点を持つように努めましたが、どの方も、お声掛けするとご多用の中、参加していただき、鹿児島の発展のために自分たちの専門性を生かして貢献したい、という秘めた思いを持っているという共通項を感じました。このような仲間を持てたことは個人的に財産となっただけでなく、学校教育にも積極的に関わりたいという教育関係者以外の方の潜在的な需要を把握することができ、嬉しい誤算となりました。

　私の感覚では、鹿児島の学校では保護者や地域の方が学校に大変深く関わっておられますが、清掃や学校行事の準備等、周辺部の参画が中心で、教育活動の中核の部分は教職員が担うものという不文律があるような気がしています。教員の働き方改革も叫ばれる中、「社会に開かれた教育課程」を標榜する新学習指導要領の全面実施に向けて、学校外の人材を学校経営や学校教育に取り込むためのモデルや仕組みを学校の外から提示することができれば、学校の内外で好循環が生まれるのではないでしょうか。
鹿児島を離れた後も白地図協議会に関わっておりますので、私としてはこのような視点から、引き続き微力ながら鹿児島の教育の振興に協力させていただきたいと考えています。

コラム

何でも「センター」と名付けたがる鹿児島の人

「〇〇センター」というと主に公的な施設、医療系の機関、地域の拠点施設に付けられるものだとばかり思っていました。鹿児島に来るまでは。県総合教育センターや県民交流センターなどの公的（準公的）な施設がこれらにあたります。しかし、それに止まらず、「温泉センター」「お魚センター」「お土産センター」など県内各地を巡ると、たくさんの「センター」に遭遇します。中には「えっ、これがセンター？」と突っ込みたくなるような昭和の風情漂うこじんまりしたお店まで堂々と「センター」と名乗っていたりします。かくして、視察に行く先々でセンター探しをするようになっていったのです。

広辞苑（第6版）によると、センターは「その分野の中心となる機関・施設」の意。経営者が「うちはセンターだ」と思えば名付けることが可能ですが、江戸末期に躍動し、明治日本を建設した鹿児島の人々の気概と誇りを「〇〇センター」という名前から感じるのは私だけでしょうか。

鹿児島市内の県道20号線（電車通り）沿線には「〇〇センター」と「△△センター」が並び建つ「絶景」スポットがあります。さてどこかおわかりでしょうか？

第7章　多くの人に支えられて

これまでの各章を読まれた方はお気付きのとおり、私が縁もゆかりもない鹿児島の地で、数々の挑戦ができたのも、多くの素敵な方々との出会いと、その方々の支えがあったからこそだと確信しています。

まず、鹿児島県に出向してすぐにお仕えした六反省一教育長は、常に沈着冷静で、どの案件についても丁寧に耳を傾けられ、深く本質をついた指摘をいただきました。特に、ご自身の経験を踏まえ、県庁の知事部局の職員のこだわりのポイントについてご教示いただき、予算要求や定員要求に向けて、どうすれば説得できるかヒントを与えてくださいました。

また、2年目にお仕えした古川仲二教育長には、危機管理への対応について教わりました。古川教育長は、常に泰然自若とされ、私たちの施策の方向性を全面的に応援してくださり、ご理解いただく一方で、一度問題が生じたときには、スピーディーかつ的確に判断を下されました。フットワークが軽く、知事部局との強いパイプにより自ら問題解決に動いてくださり何度も窮地を救っていただきました。私が大過なく2年間の出向生活を終えられたのも、尊敬する二人の教育長の人柄や仕事ぶり、リーダーシップのおかげであり、深く感謝しています。

このほか教育委員会はじめ県庁の幹部や関係各課の職員、教育事務所や総合教育センターの職員、市町村教委の教育長や職員、幼稚園、小・中学校、特別支援学校の先生、保護者、地域の方、大学の先生、県議会議員、マスコミの記者、民間企業の方々など、数えきれないほどの方々にお世話になりました。

学校教育に問題関心を持つ多くの方との関わり合いを通じ、新たな施策の立案につながった例もありますし、多くの県民が学校教育に関心を寄せていることを肌で感じられたことも、私たちが取組を進める上で、どれほど後押しになったかわかりません。

県外から来た私は鹿児島の方からさまざまなヒントを授けていただきました。週末のイベントや宴席などには時間の許す限り足を運び、情報収集したり、意見交換したり、教えを請いに行きました。その中から誕生した施策もありました。

この章では、私の在任中にお世話になった方を代表して、教育委員会、学校現場、大学、地域、民間の各分野9名の方から寄稿文を頂戴しましたのでご紹介させていただくことにします。

その意図としては、これまで私個人の視点から鹿児島の教育を綴ってきたわけですが、鹿児島で生まれ育ち、鹿児島で仕事をされている方や、鹿児島県外で鹿児島のために働いている方、私と同様、鹿児島出身ではないものの今は鹿児島で働いている方など、さまざまな立場・視点を持った方に登場いただくことで、鹿児島の教育をより立体的にご理解をいただけるのではないかと考えたからです。また、教育に熱い思いを持った方が鹿児島に多くいることを読者の皆様に実感していただきたいとの思いからでもあります。

（1）教育委員会

①出口定昭氏（南さつま市教育長）

出口教育長の名前は既に第4章で何度も言及していますが、文字どおり鹿児島を代表する「改革派」

教育長として県教委時代は大変頼りにさせていただいた方です。私が申し上げるのも僭越ながら、出口教育長は、国の施策の方向性に対するアンテナが非常に高く、かつ、鋭いセンスをお持ちで、何事もスピード感を持って対応されておられます。コミュニティ・スクールや義務教育学校を鹿児島県内で一番早く導入されるなど、県内のフロントランナー的な役割を担っておられます。そして、ほかの市町村にも積極的に発信され教育改革を広めるなど、その視線は常に県全体の底上げをどうするか、にあったように思います。

出口定昭氏

出口教育長はかつて、文部省（当時）に研修生として勤務されたご経験もあり、その当時一緒に仕事をした当省職員とは、今なおつながりを持っておられます。人的なネットワークを非常に大切にされ、それ故、常に最新の情報が教育長の耳に入り、一歩先を見据えた教育行政を実践されているのだと感じます。

義務教育課長をしていたころは、施策を進める上で、現場の感触について聞きたいときなどには、出口教育長に連絡して助言を仰いだものですが、教育長からは、その都度、的確なアドバイスをいただき、幾度となく窮地を救っていただきました。また、大変筆まめな方で、節目節目で何度も手紙を頂戴し、いつも県教委の取組を励ましてくださるとともに、南さつま市の教育についての熱い思いをしたためてくださいました。それでは、出口教育長からの寄稿文をご紹介いたします。

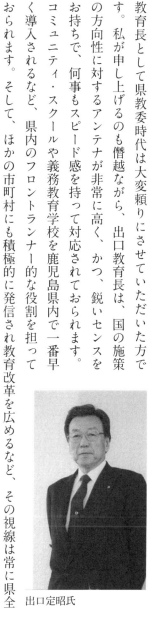

「快活で至誠の人へ」と題して

南さつま市教育長　　出口定昭

拝啓

文部科学省初等中等教育局教育課程課　課長補佐　金城太一　殿

貴殿が鹿児島での任期を終え、涙又涙の送別セレモニーであったとお聞きしていますが、本省へお帰りになり半年を超え、秋冷の候となりました。天保山の松林にある県幹部職員の公舎から、錦江湾越しに迫る雄大な桜島の眺めは、今はなつかしく思われる原風景の一つでしょうか。薩摩の芋焼酎が大好きな貴殿にとって、一仕事終えた後の晩酌は酒の歌人牧水よろしく、「白玉の歯にしみとほる秋の夜の酒はしづかに飲むべかりけり」だったのでは、と勝手に想像しています。やっぱり芋焼酎ですよ。

お住まいになっていた天保山は、薩摩藩が騎兵などの軍事演習や兵の訓練をしていた海岸でありますので、気分はスーパー藩主島津斉彬か忠義か。１８６５年、１５０年前を振り返れば薩摩藩は鎖国中にもかかわらず、海外に目を向けた人材の育成を推進していたこともあり、長崎のグラバーとのつながりのあった五代友厚の英国留学の提案を受け、使節団を含む19人の若者を派遣。その薩摩スチューデントの中には、後に初代文部大臣の森有礼をはじめ、外務卿の寺島宗則など。新生明治政府の礎を築いたのは、指導者としての大久保利通などの鹿児島県人だと自負しています。逆に今、文部科学省から本県の諸教育課題の解決、教育の充実振興のために課長が何代にもわたって派遣されていることは、１５０年の歴史があってこそのことだと思うところです。貴殿は、ややもすると堅苦しいイメージのあるキャリアではなく、いつも快活で前向き。離島探訪をし、２００校近くの小中学校を訪問するなど、南北６００キロの本県の実態をつぶさに把握。若い小中学校の先生方との交流を大切にし、にぎやかに飲ン方もし、現場の声を直接聞く機会を積極的に持たれたことなどは貴重な経験。これらはいつかは国の施策に生かされるものと思います。教育庁内にあっては、ウルトラに若い義務教育課長として、自らユニフォームで身を引き締め、教育長杯ソフトボール大会で義務教育課をまったく想定外の準優勝に。この事件は語り草になっているらしいです。

その他数々のエピソードを残し、晴れて文部科学省の要職に就かれたことは、県教育界の喜びであります。明治維新１５０周年を迎える節目の年に在職され、土曜授業の県下一斉の取組、小中一貫教育の推進を始め、特別支援教育室の創設、学力向上に向けて特色ある事業等々、瞠目すべき実績が光っています。省内で一大勢力である鹿児島県人会に名を連ねられることになったご感想はいかがでしょう。もうすっかり都会人に復帰。日々に大自然から遠ざかっておられるのではと、気になることもあります。大自然は人間のふる里。貴殿のお気に入りの世界遺産の島、屋久島を思い出していただければどんな難事も背中を押してもらえ、乗り越えられるものと。一日の仕事を終え、霞が関のビル群の谷間から、ふと天空に懸る月の影を見つけたりしたときの喜びは、鹿児島のかつての部下に逢えたかのような、なつかしさを覚えられているのではありませんか。貴殿のやさしさと誠実な姿勢が思い出されます。

追伸

「博く学びて篤く志し　切に問ひて近く思ふ」この言葉は、文部科学省の浅田和伸氏（現大学入試センター理事）が20年近く前の若きころ、一等書記官として中国日本大使館に赴任された年に私の年賀状の返信としていただいた賀状の添え書きにあったものです。そして「私なりに正面から中国と向き合うつもりです」とも。彼のこの思いと、貴殿が鹿児島県教育庁への出向に当たり、胸に秘められたであろう「切なる思い」が私には重なります。どんな困難、悪条件が重なっても「やり通そう」という発起の一念がいつもあったように思います。時には想定を超える質問に対しても注目の中、貴殿は寂然の姿勢で対応し、そのわかりやすい説得力のある答弁には、キャリアとしての高い資質を感じ取ることでした。教育改革は急ピッチ。次々と打ち出されている提言と、これに続く答申は、具体化・具現化すべき施策として目まぐるしいほど。まさに「驢事未だ去らざるに馬事到来す」の感がある昨今ですが、実力発揮のしどころですよ。

男子家門を出ずれば七人の敵あり、とか聞きますが、今こそ薩摩武人として肚を据え、鹿児島での経験を基に、自信と誇りと情熱とを持ってブレイクスルーし、我々の期待に応えるにとどまらず、期待を超える御活躍を願っています。貴殿の快活な言動、至誠なる人柄の故え、T課長補佐を中心にインパクトのあるネーミングの「金太会《キンタ》」が結成され、会員登録カードは増刷中とかの情報があり、慶賀に堪えません。

新生明治政府の、かの海軍大臣、というか薩摩武人の山本権兵衛に心酔し、生誕地の加治屋町に本籍を移された北海道出身の出向課長もおられました。もうこうなれば、貴殿も森有礼初代文部大臣の生誕地春日町に本籍を、とまではノリ過ぎですね。

結びに、どうか人間回復に家族そろっての里帰りを歓迎します。

貴殿の前途に幸多かれと念じ　敬具

平成28年　秋

②辻慎一郎氏（薩摩川内市立川内中央中学校校長／元鹿児島県教育庁義務教育課企画生徒指導係長）

辻元企画生徒指導係長とは、２年間にわたり仕事でご一緒させていただきました。義務教育課の職員は皆、非の打ちどころのないくらい優秀ですが、辻係長は「超」がつくほど前向きでアイデアマン、県を代表する情報教育のスペシャリストであり、高い情報収集能力に定評がありました。困ったことがあれば、辻さんにお願いすれば何とかなるだろう、と思えるほど安心感のある方でした。第５章で紹介したフェイスブック立ち上げは、辻係長なくしてはなし得なかったに違いありませんし、県内初のＩＣＴフォーラム実現など、県の情報教育の推進に大変な力を発揮するなど、新たなことに挑戦し、成功に導く企画力は抜群でした。

辻慎一郎氏

また、卓越したプレゼン力は県外にも知れ渡っており、複雑で込み入った教育課題を、わかりやすくかみ砕いて説明できるため、シンポジウムでのパネルディスカッションのコーディネーター役や、国の中央研修、ＰＴＡ等の講演会での講師などに引く手あまたです。ご紹介した辻さんは、現在、中学校の校長として、県教委での実務経験を生かしながら、力を発揮していただいています。それでは、辻さんの寄稿をご紹介します。

「さらに『一歩前進』・挑戦する鹿児島の教育を！」

新幹線の南の終着駅・鹿児島中央駅に降り立つと、幕末、藩命により英国への海外留学を果たした五代友厚・森有礼・長澤鼎など薩摩藩英国留学生をモチーフにした銅像「若き薩摩の群像」と対面することとなります。その碑文には「薩摩藩当局の勇気ある決断と若き薩摩の青年たちの積極的熱意とは、日本の歴史を大きく転換させ、新生日本を建設する原動力となった」とあります。この銅像を仰ぎ見ながら通った6年間の県教委勤務は、同じ鹿児島人として、その精神と姿勢を受け継ぎ、全力で職務に邁進する日々だったと思います。

鹿児島県教育庁義務教育課では、6年間にわたり、生徒指導・教員研修・教育の情報化・道徳教育などを担当する企画生徒指導係に勤務させていただきました。県教委での仕事は多忙な部分はありましたが、振り返ると「とても楽しく充実したもの」でした。それは、上司・同僚に恵まれたこと、難しい内容の仕事もありましたが、そのいずれもがやりがいのあるものであったことが大きな理由です。そして、何よりもこの6年間で自分に多大な影響を与えたのが、文部科学省から出向された4人の「義務教育課長」の存在でした。それぞれから、確かな先見性、素早い状況判断と指示、熱意と実行力、謙虚さと丁寧さ、そして鹿児島との縁を大切にする心など、とにかく学ぶべきところが多かったです。

そんな中、2014年4月、金城太一課長との出会いがありました。金城課長はとにかく「積極果敢・行動の人」です。自分自身、いつも考えていたのは「与えられた仕事だけで終わるのではなく、何か自分らしい新しい挑戦をやろう」ということでした。時には、「そんな計画は無理です……」という部下の声を押し切り、金城課長に相談しました。課長は、「なるほど！　素晴らしい。すぐやりましょう」といつも応えてくださいました。その結果の一例が「かごしま教育の情報化フォーラムの開催」であり、「義務教育課フェイスブックの開設」であり、「県いじめ防止子どもサミットの開催」です。若き薩摩の青年たちの積極的熱意を引き継ぎたい自分の目標は「一歩前進」。金城課長との出会いは、天恵であったと感謝するばかりです。

２０１６年４月、12年ぶりに学校現場に戻りました。初めての校長として薩摩川内市立川内中央中学校に赴任しました。生徒数約５５０名、教職員数45名、そして鹿児島大学教育学部の教育実習校であり、自分の出身市の学校でもあります。最高の場を与えていただきました。久しぶりの学校の感想は「毎日通うのがとても楽しみ」ということです。毎朝、正門前で挨拶運動（ＡＫＰ運動＝あいさつ・県一・プロジェクト運動）を行う生徒会と一緒に、生徒に直接声を掛けることから始まります。こういった「学校ならでは」の充実感がたまらなくいい。川内中央中学校の生徒たちは、礼儀正しく勤勉であり、さらに伸びる余地もたくさん持っていると感じます。そこで、学校のスローガンを「一歩前進！　ともに（生徒・教職員・保護者・地域）やり抜く中央中」としました。今、全ての鹿児島の子供に身に付けさせたい資質の一つは、積極的熱意、言い換えると「チャレンジ精神」ではないかと思っています。将来への大きな夢に向けて、誰もがめいっぱいチャレンジできる鹿児島の教育。そんな教育を実践していきたいです。

自らの人生の羅針盤としての「若き薩摩の群像」は、今では生徒一人一人の未来にその姿を重ねるものとなり、共に一歩前進を目指す充実した毎日です。

◎薩摩川内市立川内中央中学校ブログ：http://sendaichuo.blog.jp

体育大会閉会式で優勝旗を授与

（2）学校現場

①福宏人氏（徳之島町立山小学校長／前徳之島町立母間小学校校長）

私が福先生に初めてお会いしたのは鹿児島に来て間もなくの２０１４年5月のことでした。このタイミングで徳之島を訪問し、数ある学校の中から母間小学校が訪問先に選ばれ、福先生にお会いできたことは奇跡といってよいかもしれません。母間小学校は児童数40名足らずで教職員もわずかな、いわゆる小規模校です。

物静かで気品のある福先生に校長室に通されると、大型テレビを使ってＩＣＴを駆使したスマートなプレゼンをお聞きしました。プレゼンの様子は福先生のたたずまいとはうらはらに大変パワフルかつ説得力のあるもので鳥肌が立つほどでした。授業を見学してさらに驚いたのは、学校のすみずみまで福先生の示す方向性が浸透しており、校長のリーダーシップかくあるべし、ということを教えてくれたような気がしました。

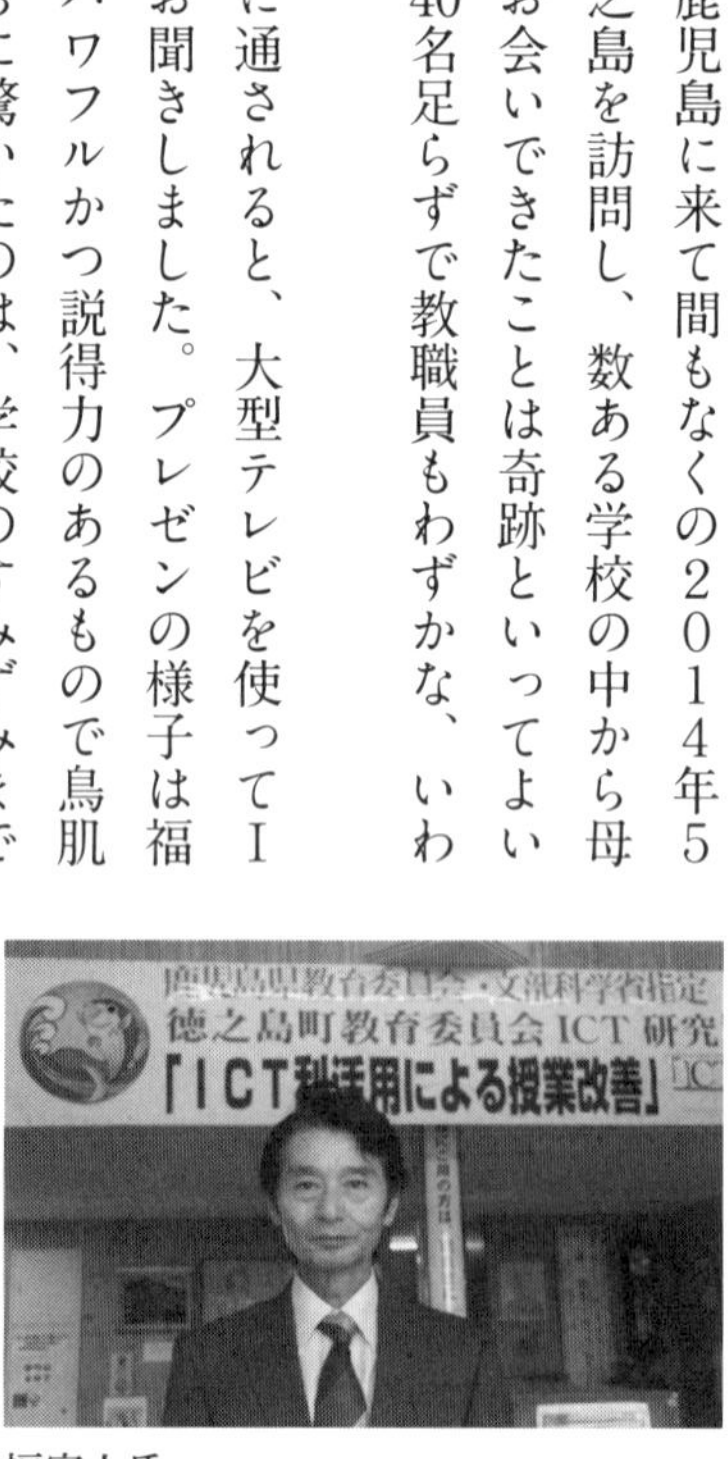

福宏人氏

ＩＣＴについても、それまで見たどの学校よりも地に足がついており、子供たちに質の高い教育を提供するためのツールとして、日常的に活用されていました。その後の展開は第5章で記載したとおりですが、福先生との出会いがなければ、鹿児島県のＩＣＴ教育は何年も遅れていたかもしれません。それほど素晴らしい出会いだったと感じています。

これを縁にその後も県教委にお越しいただいたり、再び徳之島でお会いしたり、私が文部科学省に戻ってからは省内の会議にお越しの際にお会いしたりと、交流を続けさせていただいています。以下は福先生のご寄稿です。

「離島へき地から未来へ羽ばたく母間小学校の挑戦」

「ＮＨＫのＢＳワールドニュースで母間小学校の取り組みが世界へ発信されます」とＮＨＫの担当記者からメールが入りました。率直な私の思い。「金城課長ついにやりました」

Boma elementary school principal Hiroto Fuku also has a positive view. "It's a way to educate them while having them interact with more children," he says. "I think it's an opportunity to figure out a new form of education and a new future for our children."　２０１６．11月14日放送

「離島へき地の教育を変え、この島から新たな教育の可能性を発信できるかもしれない」「子供たちや町の未来も変えていく可能性へとつながる」

　数十年ぶりに故郷に赴任して感じたのは、離島の人口減少社会の諸課題。校長として、地域の抱える教育課題に直面しました。「今がチャンス。今、変革しなければその機会は失われてしまう」という思いに駆られていました。ちょうどそのころ、県教委の学校訪問があったのです。

「金城課長、もうそろそろ学校を出発しないと本当に飛行機に乗り遅れますよ」。夕暮れ迫る校長室。催促する随行の指導主事の言葉も耳に入らないかのように、真剣なまなざしは本校の実践授業のビデオに注がれていました。

　この運命的な出会いをきっかけとして、町教委と県教委の支援を受け、本校のＩＣＴを活用した授業改善の研究は始まりました。今、文部科学省の実証事業校〔２０１５〜２０１７年度〕として花徳小学

校・山小学校とともに「徳之島型モデル」を提案。実証の成果や課題をまとめ全国に発信できるようになりました。極小規模校の小さな実践。先進的な取組であっても離島へき地にある母間小学校の発信力は弱い。そんな中、金城課長は関連する会議や研修会の場で本校の実践紹介をはじめ、県教委フェイスブックへの動画の掲載、フォーラムでの事例報告等、何かと私たちの小さな取組を見守り、励まし、大きく育てていただきました。

複式学級を有する割合が全国一位の本県。いかにして教育のデメリットを縮小しメリットを最大限に高めるか、校長のリーダーシップが問われています。今、教師からは、「学校の枠を超えて教師同士の学びのネットワークやチーム力が形成できた」。児童「多くの友だちと学べる楽しさ、世界ともつながりたい」。保護者「新しい教育に挑戦する我が子の姿に期待している」。住民「学校と地域が結び付き、地域や島を活性化させる力を予感させる」。このように相互に絆を深め、実践は好循環を生み出しつつあります。まさにICTの利活用により、離島から未来へ羽ばたく翼を手に入れたと感じています。

金城課長、フゥントニィーオボラダレン。（島口（島の方言）で「本当にありがとう」の意味）

②中島賢太郎氏（鹿児島市立谷山小学校教諭）

中島先生との出会いを思い返すと、偶然が紡いだ縁の力を思わずにはいられません。

発端は2015年1月に友人から誘われ開聞岳を登ったときのことです。友人のほかに初対面の方数名も参加しての登山でした。アウトドアの話などで随分盛り上がったことを覚えています。さて、もうすぐ下山という段になって、会話の文脈からパーティーの一人がどうやら小学校の教員をされていることがわかったのです。ちょうど、現場の先生方と接点を持ち、率直な意見を直接お伺いしたいと思っていた矢先のことでしたので、日を改めて、同僚の先生方も交え一席設けていただくことになりました。そして約1か月後の2月にその会が実現し、谷山小学校の意識の高い先生方と意気投合して教育談義に花が咲きました。さらにその後、第二弾を催すこととなり、そこで初めて中島先生とお会いすることができたのです。

中島先生の第一印象は熱血漢。文字どおりスーパーティーチャーだと感じました。横浜で教員生活をスタートされ、首都圏の研修会に頻繁に参加され最新の知見を学ばれたことや、鹿児島に移られてからも研究会への参加や教育論文の執筆、研究で得られた知見に基づく教育実践に意欲的に取り組んでおられることなどをお聞きしました。特に先生が、「鹿児島の教育実践を論文にまとめ、全国に発信したいんです」と熱く語られていた姿が目に焼き付いています。その際、県教委の制度を活用し大学院を修了されたこともお伺いし、早速、フェイスブックへの体験談投稿を快諾いただきました（第5章に掲載）。私自身も中島先生に大いに触発され、意欲に満ちた先生方がさらに力を発揮できるよう、教育環境づくりが必要だと感じました。以下は中島先生からのご寄稿です。

中島賢太郎氏

「結の使命」

「大物より本物であれ」「子供一人一人の一番星（よさ）を輝かせたい」

横浜で教員になった私はこの想いを胸に子供たちと生み出されるドラマに感動し、子供たちに学ぶ日々でありました。初任校・横浜市立中村小学校は、中村養護学校（現中村特別支援学校）と併設し、

「ともに生きる」ことをテーマに人権教育を子供主体の学びから創造する学校です。「隣にいる友だちを大事にできる子供を育てたい」「都会だからできるではなく、想いがあればどこでもできることを実践したい」という夢が生まれました。「母の故郷である鹿児島で、島の先生になりたい」と憧れがあり、再教員採用試験に挑みました。

縁あり、鹿児島で教員になり想いを実践する日々。その中で鹿児島の教員のすごさを学びました。「教育格差を作らせない強い意志」です。念願叶い、奄美大島で特別支援学校勤務していたときのことです。上司が文部科学省の委員会で「国内のどの地域のどのような学校であろうとも等しく達成されるべきものは何であるかについて議論し教育内容に差を生じさせないことが我々の使命だと考えています」と述べられました。震えました。この使命感こそ私が行うものです。

実践を行い、積極的に鹿児島のよさを発信すること、特に鹿児島で学ぶ子供たちの輝きを全国に発信することに努めました。夢の結実がありました。奄美市立伊津部小学校の2・5年生の担任時、地域の療育施設「のぞみ園」の子供たちとの交流での学びです。子供たちが主体的に学びを創造し、隣にいる子の手を自然につなぎ心通わせる姿に出会うことができました。この実践は読売教育賞をいただき、奄美の子供たちの輝きを全国に発信することもできました。

その後、インクルーシブ教育の概念を核にした通常教育改革を目指し、大学院派遣研修で特別支援教育を深く学ばさせていただきました。修了後、金城先生にお会いし、上記の想いや教員を目指す学生の姿を熱く語りました。まっすぐに私の想いを受け止めくださる先生の姿に感激し、「鹿児島

子供と創る学び合いの授業風景

に新しい風を吹き込みたい」という先生の熱き想いにも共感しました。

今、私は「結」の使命を持っています。横浜・奄美・鹿児島の子供も、生まれた場所が違う子供も、障害があるとされている子供も、全ての子供は私たちの子供です。私は、子供と子供、子供と大人、授業と学び、通常教育と特別支援教育、若手とベテラン、学校と地域、鹿児島と全国、理論と実践、志と現実、過去（今）と未来、それぞれをつなぐ大事な使命を教員としていただき、一人一人大事な子供たちと共に、瑠璃色の未来に紡ぎ上げていきます。今後も、ここから、現場から子供たちの一番星を発信し、「大物より本物である」教師道を子供たちと共に一歩一歩前へ進めていきます。

（3）大学

①志賀玲子氏（志學館大学准教授）

私はこれまで高等教育行政に長く関わってきたこともあって、赴任前から、鹿児島では「大学との連携強化」にも積極的に取り組みたいという思いを秘めていました。幸い、在任中、何人もの大学の先生方と仕事で連携させていただいたり、個人的に仲良くさせていただいたりしましたが、志學館大学の志賀玲子先生はその中でも特にお世話になった方です。

異業種のメンバーが集う勉強会で知り合い、気さくに声を掛けていただいて以降、何度もご専門の教育学（キャリア教育）のお話や地方の私立大学の実情などについて伺い、意見交換させていただきました。私自身、大学経営

キャリア教育ゼミの学生たちと

について研究していたので、大都市圏とは異なる地方の私立大学の経営上の課題や教育に軸足を置き、教職員一丸となって取り組んでいる姿など、学ぶことがたくさんありました。

志賀先生は、学内外でさまざまな要職に就かれているのですが、学内では学生のきめ細かい指導に加え、学生募集や就職支援に関わられ、また、学外では自治体等と連携して地域貢献活動にも参画され、文字どおり東奔西走されています。そして、教育を何よりも重視されており、どんなに忙しくても、学生第一を貫かれている姿には感銘を覚えずにはいられません。何事にも真剣に全力投球で取り組まれ、骨身を削って学生のため、大学のために尽力されている志賀先生の様子を目の当たりにして、私自身、私立大学の捉え方が大きく変わりました。以下は志賀先生のご寄稿です。

「鹿児島の大学を一緒に創っていきませんか」

地方の私立大学を取り巻く環境が厳しさを増す中、志學館大学が霧島市隼人町から鹿児島市紫原へキャンパスを移転し、3年過ぎた年の冬のことです。霧島市との協力関係を大切に維持発展させつつ、新たな地での地域密着の在り方や、学生層の変化に対応し将来を見据えた教育システムの構築について考えながら、「何か」もっとやるべきことがあるのでは、と感じる日々でした。そんなある日、異業種交流会で出会ったメンバーで、気付けば震えながら屋台村のコタツを囲み、二次会を楽しんでいました。教育業界の話題に始まり、オペラ好きという共通の趣味や柔軟なご姿勢にすっかり打ち解け、一同時間を忘れたひととき。これが、金城太一さんとの交流の始まりです。私にとって大きな転機となりました。

その後もご縁を大切に、義務教育課・高校教育課での勉強会や芸術関係者の会、鹿児島大学の先生方や「鹿児島愛」に溢れるさまざまな業種の方々との会など、視点を増やすための接点を次々に作ってくださいました。熱量の高い方の周囲には同じように魅力的な方が集まるものです。金城さんのこのようなご姿勢は出会う方全てに対するもので、時間が許し思いつかれる限り、できるだけ互いが学べて発想が増えるように働きかけておられました。また、学力向上や情報発信等に関する取組を全国に先駆けて連続で打ち出されている激務と同時進行で大学院に通われ、大学経営をテーマに研究までされていました。休みの日には図書館で過ごされるほどで、また颯爽と自転車にまたがり、坂道も楽々と私の研究室まで尋ねてこられ、大学を設置する志學館学園の１１０年の歴史や地方私学の特徴について熱心に質問されたこともありました。創業家に生まれ、創設者の「建学の精神」と「みおしえ」に導かれつつも、常に地域の方々に支えられ、苦境を克服することができた歴史と感謝の気持ちを改めて自覚できたのは私の方でした。さらに、幼稚園や中高等部、短大の職員も参加した全学研修の講話をお引き受けくださり、義務教育の現状を踏まえてその3年後の生徒たちを受け入れる大学はどうあるべきか、鹿児島の特徴と課題を踏まえた教育現場間の対話は果たしてできているのか等、数々の論点をえぐり出してくださいました。厚かましい言い方をすれば、今思えばこのころから、鹿児島の教育環境について、ご一緒に新たなキャンバスに描き始めていたのかもしれません。

私は金城さんに対し、国・都心部と地方との感覚の差異や、自分自身も含めた大学と鹿児島の課題を包み隠さず伝えたいと思い、率直な物言いが多かったです。にもかかわらず、金城さんは常に真摯に耳を傾け、ご助言くださり、鹿児島と国の教育への思いを真剣にぶつけ合える信頼関係を作ってくださいました。立場は違えども目指すところが同じ方だと強く感じました。そして、大変濃い1年数か月の後、東京に戻られてからも交流が続き、昨年9月にはゼミ旅行で上京した学生たちともお会いくださいました。学生の状況や希望に応じた多様な出会いの仕掛け作りまでしてくださり、新たな教育活動のヒントを得ることもできました。学生たちも、言葉では言い尽くせないほど感謝しています。

地方創生や大学間・産官学連携の政策に背中を押されるまでもなく、もっと自発的内発的に、大学が地域に根ざし、人的・物的・知的資源を広く開放し、地域も大学の機能や地元の大学の特徴を理解し育て、鹿児島に潜在するさまざまな力を引き出すことはできないものでしょうか。社会連携や進路支援、生涯学習の業務を担当しながら鹿児島の教育に対して思う、やるべき「何か」の一つはこの点です。

地方は、その地方の大学論を持つべきだと思います。長期的な視野と双方向の対話の中で、地域が大学をともに地道に創っていく考え方、これが鹿児島ではまだ少ないように感じます。このような地域大学論や大学開放論、そして地域経営の感覚を持ち、当事者意識の高い「本気」で動く人が増えれば、これらが共通言語となり、学生の産業界や地域社会への接続・移行としての就職も、その後の生涯を通じたキャリア形成も、その上での地域づくりも、突破口が見えてくるように思うのです。そして、家庭から幼児教育、初等・中等・高等教育、その後の職場等も含めた社会教育に至るまで、地域社会全体が「生涯にわたる学びの接続と統合」を柔軟に考え続け、自ら変容し続けることをイメージしています。

そのためには、現場の状況に十分配慮がなされた上で、もう少し異校種・国公私・異業種の交流の種類、できれば人事交流が増えてもいいのではないかと思います。教育業界の取組や感覚が業界外では理解されにくく、こちらにも課題は多いので、内外の接触から調整役や知恵が生まれやすくなると考えています。教育に関わる人の数の多さ自体が鍵になるのではないでしょうか。そのためにも、私自身も様々な方々との接触や対話、新たなプログラムの試行を増やしていきたいです。

②髙谷哲也氏（鹿児島大学准教授）

　髙谷先生は、学校現場を非常に大切にされ、頻繁に足を運ばれ、教師にとって、お堅く気難しいと思われがちな大学教員という存在を大変身近に感じさせてくれる稀有な存在です。私たちも義務教育課主催のシンポジウムや学力向上検証改善委員会などのさまざまな業務でお世話になってきましたが、いつも、本質をついた的確なご指摘をいただき、事業を展開する際に多くの示唆を賜りました。

　また、県内の学校の公開授業や校内研修にも積極的に訪問されておられ、髙谷先生とは、教育委員会内や大学のキャンパスよりも小・中学校でばったりお会いすることの方が多かったように思います。

　僭越ながら私から見て、髙谷先生の卓越したところを一つ挙げるとすれば、学術の世界と現場の間を橋渡しされ、教育学の専門用語を現場教員にわかりやすく翻訳され、腑に落ちるように説明される点だと思います。

髙谷哲也氏

　先生方の教育実践や困り感を冷静に分析され、頭ごなしに批判することなく、先生方の実践を尊重しつつ、「先生の実践からは、……という思いがとても強く感じられました。～～については、学術的には○○に位置付けられ、△△のようなよさがあると同時に、□□に配慮が必要とも指摘されているため、参考にしていただければと思います」といったように柔らかくアドバイスされるため、県内の教育関係者から絶大な信頼を得ておられます。それでは、髙谷先生からのご寄稿をご覧ください。

「鹿児島の教育現場からもらえているもの」

２００９年4月に鹿児島大学教育学部に着任し、教員を目指している学生を相手に仕事をしています。私の研究関心は、学校や教師が直面する課題にはどのような特徴や難しさがあり、それらを多くの教師はいかに乗り越え成長していっているかという点にあります。そのような学校教育現場の現実からこそ、教師の力量発揮と成長を支え促す学校組織や学校経営の在り方、個々の教員に求められる要素や資質能力は追究されるべきだと考えています。また、それらの知見に基づき、教員を目指す学生たちにどのような学習機会を提供するかを追究していく必要があると考えています。

そのような教育研究活動を進めていく上では、学校教育の現場の現実に学ばせてもらうことが不可欠となりますが、鹿児島県下の学校には大変温かく受け入れていただいています。毎週1〜2校はどこかの学校へ足を運び、授業を参観したり、校内研修や授業研究に参加したりすることができています。また、その多くには、私のゼミ生を中心に、学生も共に参加させてもらっています。そこでは、真摯に子供と向き合い、教育への深い愛情を秘め、経験や立場、専門性の違いを越えて互いに謙虚に学び合う先生方の姿に幾度となく出会うことができます。未来の教員となる学生たちが、そのような先生方との出会いから受ける影響には計り知れないものがあると思っています。経験年数をこえて互いに謙虚に学び努力し続ける先生方との出会いは、その学生が教職に就いた後にどのように成長を続けていくかという、生涯を通した成長のスタイルや教育に向き合うスタンスを左右する可能性があるからです。そのような先生方の姿に触れ、理想のモデルを描くことのできる機会をもらえていることに、心から感謝していま す。そのような機会をどのように充実させていくか。そのために私自身どのような役割を果たしていくべきか、試行錯誤を続けるエネルギーももらえています。

また、県教委はじめ各自治体の教育委員会とは、学力向上、教員研修の充実、小中連携の支援、地域との連携推進など、県下の教育の充実発展のためさまざまなかたちで協働させてもらっています。私自身の力不足もあり、関係する人々の間で明確な成果が実感できる段階には至っていませんが、関係者がそれぞれに知恵を出し合い、共に悩み、いかに実効あるかたちで取組を実現させていくかを追究しています。

教育には「こうすれば必ずうまくいく」という唯一の正答は存在しません。それ故に、いかに経験が豊富であっても、専門家であっても、特別な立場や権限が与えられていても、さまざまな立場、経験、価値観、専門性を有している人たちと共に悩み、学び合い、協働していくことが、不可欠です。そして、実際に学校教育の現場に生起している現実に学び、事実に基づき、現場の先生方や子供たちが本当に必要としている支援や改革を実現していくという姿勢が前提になければならないと考えています。これまでに私は、さまざまな委員会や会議、また協議の場で、常々その前提を何度も発信・確認しながら参画してきました。ありがたいことに、鹿児島県の教育行政に携わる多くの方々が、その方針に共感を示してくださいました。さまざまな立場の方々から、自身の視点や発想にはなかった事柄を多く学ばせてもらいました。今後も、まずは私自身がその前提を忘れずに歩みを続けていきたいと思っています。

最後に、鹿児島県の教育において、これからますます追究されなければならないと感じているテーマは、教育を受ける権利主体である児童生徒が、大人と等しく権利を保障され、学習主体として活躍することのできる学校づくりはいかなるかたちで実現し得るのか、またそのために教員には何が求められるのかという問題です。人権教育として進めている事柄と、実際に学校の中で子供たちが置かれている構造が矛盾している状況。それにすら気付かれていない状況。子供たちが声なき声として発しているメッセージを捉えることのできる、人権感覚の高い学校づくりに、ぜひ進んでいってもらいたいと思っています。

（4）地域

①宮内信正氏（一般財団法人自彊《じきょう》学舎代表理事）

自彊学舎との出会いは、鹿児島が江戸時代から連綿と築き上げてきた独自の社会教育システムに深く関わるきっかけを与えてくれました。出会いの経緯は次のとおりです。

あるとき、異業種の方が集まる場で県の教育行政について講演をすることがありました。参加者に教育関係者はほとんどおらず、しかも、県外出身の方もいましたので、教育施策のみを紹介するというのも面白味がないと考え、県の教育史をさかのぼってみようと思い立ちました。そこで、教育史がご専門の鹿児島大学の前田晶子准教授にお話を伺いに研究室を訪ねたところ、前田先生から、鹿児島には「学舎」という独特の仕組みがあることを教えてくださいました。そして、その中でも由緒ある「自彊学舎」の名前を伺いました。そうなると居ても立ってもいられなくなり、ホームページで場所を調べ週末に自彊学舎を訪ねて行きました。２０１５年２月のことでした。

宮内信正氏（左）と自彊学舎にて

自彊学舎に伺うと、中庭に響く掛け声とともに、勇ましく横木を打ちたたく子供たちの姿が目に飛び込んできました。薩摩の伝統的な剣術である自顕流の稽古の様子です。道場に通されると、正面には西郷さんの教えをまとめた南洲翁遺訓が壁にかけられ、反対側には額縁に収められた西郷さんの肖像画が高々と掲げられるなど、まるで明治時代にタイムスリップしたような空間が広がっていました。

そのとき、私に、自彊学舎の歩みや取組を丁寧に教えていただいたのが宮内代表理事でした。学舎で現在、指導者となっている方々は、皆、小学生のころから放課後は学舎に集まり、先輩方から伝統行事や水泳、勉学などを教わってきたのだそうです。鹿児島では郷中教育と呼ばれる教育システムが学舎というかたちで戦後もずっと継承されてきたことをそこで初めて知りました。

同年10月には、「(鹿児島三大行事の一つである)妙円寺詣りに参列しないか」と学舎の竹下文雄氏からお声掛けいただき、本物の鎧を身にまとって古道や伊集院の町を勇壮に歩くという貴重な経験をさせていただきました。そして、離任の直前に学舎の皆さんにご挨拶に伺った際には、「生涯特別舎生」の認定証をいただくことができました。大変ありがたいという思いと、私のような外から来た人間も温かく受け入れてくださった皆様の優しさ、懐の深さに感激した次第です。それでは、宮内代表理事のご寄稿をご紹介します。

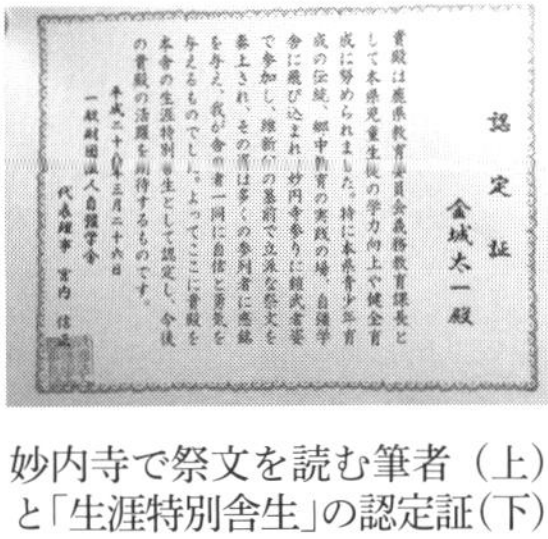
認定証
金城太一殿
一般財団法人自彊学舎
代表理事　宮内

妙内寺で祭文を読む筆者（上）と「生涯特別舎生」の認定証（下）

「鹿児島の教育について思うこと～西郷南洲翁遺訓を青少年に伝えたい～」

私は鹿児島に残る伝統的な教育「郷中教育」を実践している「一般財団法人自彊学舎」の経営に携わっている者です。

3年前のある日曜日、我が舎へ野太刀自顕流《のだちじげんりゅう》の稽古を見に来られた方が写真撮影の許可を得るため指導者の理事に名刺を出されました。名刺を見た理事から「とにかく急いで来てください」と電話がありました。そのとき、お会いしたのが金城氏との初対面です。それからの金城氏は我が舎の行事に時々参加され、鹿児島独自の文化を体験され、肌で身に付けられていました。

例えば、「妙円寺詣り」といわれる鹿児島市から隣町の日置市伊集院の妙円寺（徳重神社）まで約20キロメートル歩く行事があります。これは関ヶ原の戦いで敗れた薩摩の殿様「島津義弘公」とその家臣団の無念さを忘れるなという行事で、10月第4土曜日、日曜日各郷（町村）ごとに集団で行列を組み、義弘公の菩提寺である妙円寺にお詣りする行事です。一応鎧兜の武者姿で参拝しますが、金城氏にも武者姿で我が舎の大将として祭文も読んでいただきました。その人柄の気さくさの一方で、鹿児島県の児童生徒の学力向上と県民の教育への期待など情熱的な面も見られた立派な祭文でした。

鹿児島の学舎は西郷南洲翁の思想を経営理念に置き、その根幹である「敬天愛人」を理想とし目標として、その精神を学ぶ活動を推進しています。具体的には子供たちに「西郷南洲翁遺訓」の一節を暗唱させています。長州では萩の松下村塾「吉田松陰」の遺訓を学校で学ぶ

1935年ごろに妙円寺詣りの様子（自彊学舎提供）

と聞きます。南洲翁遺訓は西郷さんの人物に傾倒された山形の庄内藩の方々が作成されたと聞きます。内容は多岐にわたりますが人としての生き方、指標を示しているのでぜひ、鹿児島の青少年に学校でこの遺訓を暗唱できるまで学習させたいものです。鹿児島らしい教育の一つの特性として根付かせたいと思っています。地元の南日本新聞の世論（ひろば）欄にこの趣旨を投稿してみたら反応がありました。近隣の小中学校の先生方からも実践してみたいという声も聴かれています。

これもひとえに金城課長に出会い、我が舎の活動に共感していただいた姿を見て、舎生がますます伝統行事の継承活動に自信を持ち、青少年の育成活動も活発になったことによるものと考えており、感謝あるだけです。

今後の金城氏の文部科学省でのご活躍を心から願い、今後ともご指導ご支援いただけたらと思います。

（5）民間・NPO法人

①川口塔子氏（南九州市移住コーディネーター／元NPO法人ふるさと回帰支援センター鹿児島県移住・交流相談員）

川口さんとの出会いもまた、偶然ではなく必然を思わせるものがありました。着任2年目に入り、鹿児島の抱えるさまざまな課題について思い巡らす中で、私たち教育委員会の職員が一歩前に踏み出すことで1ミリでも県全体の課題解決に貢献する方策はないかを考えたことがきっかけです。

詳細の経緯は第5章に述べたとおりですが、山村留学の受け入れ強化のため、地域振興の窓口をしている地域政策課に何か連携できないか相談した際、移住に関心のある方向けのホームページがあることや東京や大阪などで移住セミナーが開催されていることを知ります。後者について紹介いただいたのが川口塔子さんでした。お名前は地元紙でも拝見していましたがお会いしたのは２０１６年の１月が初めてでした。お話を伺う中で、年齢は私よりも10歳以上も若く、移住交流相談員としては数年しか経験がないにもかかわらず、移住交流施策について、県全体を見通してどこが弱いか、どこに課題があるかを的確に看破され、鹿児島の発展のために、セミナーの運営においてもさまざまな新機軸を企画され、主体的に活動されている姿に大変感銘を受けました。と同時に、川口さんのような若い世代の方々が活躍していることは素晴らしいことですし、鹿児島の将来も明るいと感じました。２０１７年からは活躍の場を鹿児島に移されており、さらなる活躍を祈らずにはいられません。以下は川口さんからのご寄稿です。

川口塔子氏

「私が歩んだ鹿児島の教育」

ある日、県教委 義務教育課から「山村留学制度」の件でご相談をお受けしました。本制度を利用したいと考える首都圏の移住希望者はいるだろうか、というお尋ねです。私は「これだ！」と思い、すぐさま連携させていただけるようお話をさせていただきました。日ごろ、移住希望者から、「鹿児島県の学校の特徴を教えてください」「特色ある教育をやっている学校はありませんか？」等と、教育に纏わる質問が後を絶たない中、首都圏で得られる県内の教育情報は少なく、適切な情報を提供できていないことにジレンマを抱えていました。そのことを率直に伝えたところ、驚くべきことに、金城前課長、辻元係長が当センターにご来訪され、丁寧にお話を聞いてくださり、すぐさま「山村留学制度」をわかりやすくまとめたリーフレットを製作してくださいました。以降、鹿児島県の特色ある教育として「山村留学制度」を案内できるようになり、実際に本制度を利用して移住される方まで出てまいりました。

実は、私は県内の公立高校をドロップアウトした経験があります。結果的には、私立高校の通信制課程で高校卒業資格は得たものの、当時の私は深い闇の中にいました。私が挫折した大きな理由は、高校と小中学校との教育環境の違いについて、そのギャップが埋められなかったことにあります。中学生までの私にとって学校は、校則は厳しくとも、自己を自由に表現できる場所だと感じていました。今振り返っても、考えを尊重してくださる先生方に恵まれ、物事をしっかりと捉え、考えて動く機会が多く準備されていたように思います。お陰で、元々引っ込み思案だった私は、次第に自分の殻を破っていき「自分らしさ」を手に入れることができました。当時の先生方には感謝しています。

高校入学当初から感じていた、詰め込み型の教育体制への「違和感」は、後にはっきりとしたかたちで現れてきました。ついに私は今まで育んでくれた故郷・鹿児島のことが大嫌いになり、逃げるかのように県外へ出ていくことになりました。それから月日は流れ、東日本大震災という大きな天災を機に、自身が持つ郷土愛の強さを、次第に感じさせられる場面が増えました。今では、首都圏の〝鹿児島を背負う一味〟として、やりがいを感じながら本職に精を出しています。

鹿児島を想うとき、いつもそこには小中学校のころの温かい思い出があります。移住・交流相談員と

移住希望者からの相談対応の様子

して、この厳しくとも温かい鹿児島の教育文化を伝えていきたいと思う反面、詰め込み型の教育環境に「すき間」をつくることはでいないだろうか、と強く思う日々です。鹿児島を離れて7年、来年私は鹿児島にUターンすることになりました。高校時代の〝あのころの私〟を救うため、新たな挑戦に励んでいきたいと思っています。

②本田静氏（鹿児島県旅行業協同組合理事兼旅行事業部長／株式会社魅旅代表）

この章の最後にご紹介するのは本田静さんです。本田さんとの出会いは、知り合いからお誘いいただいた異業種交流会がきっかけでした。小柄な外見からは想像もつかないほどのバイタリティーで、県内外で活躍されている彼女の姿は清々しく感じられ、同年代の私も大いに刺激を受けました。

かつて非常勤講師として県内の教員をされ、その後、フォークソングカフェを立ち上げ、今は鹿児島県旅行業協同組合で県内の旅行業界を牽引する立場にあるなど、異色のキャリアを積まれてきました。組合では、着地型観光という地元密着のツアーを多数組まれているのですが、鹿児島を隅々まで熟知し、知らないことがないというほどです。その彼女を突き動かしているのは、一言でいえば郷土への愛です。鹿児島をよくするために自分はどう行動すべきか、という信念であり、芯がぶれず度胸の据わった人だと、会うたびに感じています。

本田静氏

交流会以降も、教員経験があり学校現場についての相場観があるということから、現場の様子などについてさまざまな場で意見交換させていただき、その中で本田さんのアイデアももらいながら考えついたのが企業等派遣研修の改革案でした。旅行業協同組合で教員を受け入れた場合には、教員の教科等の専門性を生かしたツアーを作ってもらい、商品化したあかつきには教員も添乗員としてツアーに参加できる、というものです。

それでは本田静さんからの寄稿文をご紹介し、この章を締めくくりたいと思います。

「旅行づくりは究極の調べ学習」

大学卒業後、鹿児島の期限付き教員として、7年間3市5校の小・中学校に務めました。地域性や学校により子供たちや保護者はさまざまで、その為人《ひととなり》は地域の気候や歴史や伝統行事などによって育まれてきたのだと思わされたことが多々ありました。

そのような中、小学校の生活科や社会、中学校の総合的な学習の時間で地域のことを調べる時間があったものの、児童生徒に教授する立場の私自身がこの地域のことを何も知らず、副読本と年間の授業計画に頼らざるを得ない状況に焦りを感じたときがありました。縁もゆかりもない土地に着任して数か月。自分の言葉で子供たちに何も伝えられない歯がゆさを感じたものでした。そして案の定、学習の成果が子供たちの郷土への愛着を育んだものになったかどうかは明確に評価できませんでした。

次の着任校が決まらなかったこともあり、気分を変えようと私は天文館でフォークソングの歌声喫茶を創業しました。ちょうど九州新幹線全線開通のころで、お客さんの流れは中央駅や谷山に向いているころでした。どうすれば天文館にお客さんが来るかということを通り会の皆さんと試行錯誤しているころ、現在の鹿児島県旅行業協同組合から「観光客が鹿児島に来てもらうためにはどうしたらいいかを考えないか」とお声掛けいただき、思いがけず旅行プランナーとして、鹿児島に到着してからの旅行「着地型旅行」を造成する旅行屋さんになりました。

　着地型旅行を造成する際の最も重要なポイントは鹿児島を愛する気持ちを全面に出す、ということです。鹿児島のどこに行っても美味しいものがある、美しい景色がある、ここにしかないものがある、あなたにしか体験できないものがある、ということを具現化して価値を付けていく作業です。地域には眠っている観光素材が山のようにあり、磨き方一つでその価値を極めることができるとわかってきました。他所から来た人が、その地域の本当の魅力を感じるというのはよく耳にする話ですが、着地型旅行の造成と添乗を重ねれば重ねるほど私の心に強く感じられたのは、なぜ他所の人しか感じることができないのか、なぜ地元の人は感じないのか、感じないようにしている原因は何か、ということでした。そしてそれは私が子供たちにうまく教えることができなかった郷土教育にあると思い至ったのです。

　どこにでもいそうな人が、どこにでもありそうな話で、ここにしかない偉業を成し遂げ、ここにしかない歴史を刻み、ここにしかない人たちを生み出したことを、他所からきた教員が魅力をしっかりと感じて子供たちに教え、興味を持たせ、疑問を持たせ、誰かに伝えたいと思わせるようにしなくてはいけません。教員自身が知らない、わからない、興味がないというのでは、そもそも教員としての資質にも関わる問題です。

　教育と観光が密接に関わりあっていると確信した瞬間でした。

　以前お世話になった学校や退職された校長先生を訪ねたり、同僚の先生方から情報を集めたりして、学校教育と着地型旅行商品を少しずつかたちにしつつあったころ、金城さんと出会い、学校教員の企業

鹿児島の観光をPRする本田静氏

研修派遣制度の改革を考えているとお聞きしました。私は教員が着地型旅行を作っている旅行会社に企業研修に行けばいいと思っておりましたので、すぐに教員の企業研修受け入れをさせてもらうことにし、当組合では着地型旅行商品の造成・販売・添乗の研修ができますとお伝えしました。

着地型旅行商品の造成は、まさに地域の調べ学習そのものです。興味関心を持ち、人を訪ね、話を聞き、魅力的な部分を抽出してまとめあげて色を付け、誰に発表するか戦略を立て、媒体を選んで広告を打ちます。プランナーの「これはすごいんです、ぜひ参加してください」という強い思いが旅行者に届いた瞬間、それは世間に評価してもらえたということになります。評価してもらい、旅行に添乗して、思い描いたとおりにお披露目し、お客様が満足して、「面白かった、またここに行きたい」と言っていただいたとき、その地域のファンを獲得するというこれ以上ない財産を地域にもたらすことになるのです。

金城さんは私のこの長年の想いを制度改革として約束どおりにかたちにしてくださいました。そして当組合には１名の中学校の先生が研修で来てくださることになり、組合にとってもその先生にとっても大きな転機となる素晴らしい研修とすることができました。今でもその先生と関係する大きなプロジェクトが進行中です。

私の鹿児島愛は自他ともに認めるものですが、金城さんの鹿児島愛には時々負けたと思うことがあります。彼の言動のほとんどは鹿児島愛に裏打ちされたもので、私がお会いした鹿児島ファンの中でも、金城さんは群を抜いています。ネイティブに中央駅を「西駅」と言い、神社を「じんしゃ」と言い、ＪＲを「汽車」と言い、ごく自然に「しためきる」と「だからよ」を使いこなしてしまう、鹿児島人より鹿児島人らしい金城さんを見習い、ありったけの鹿児島愛で、鹿児島県の教育と観光の架け橋となる存在になりたいと私は思います。

第8章　鹿児島の教育がさらに発展するために

本書では、第1章で私自身の出向経験に触れながら、文部科学省の職員が教育委員会に出向する意義について紹介し、第2章では鹿児島の学校教育について歴史的な変遷や地理的特性を踏まえた教育システムを概観しました。第3章から第5章は、2年間の出向経験の中で力を注いだ印象的な仕事についてご紹介しながら、問題をどのように把握し、解決策を県教委の中でどういったプロセスで検討し、施策をどのように実施したかを時系列で記述しました。第6章は施策から少し離れ、鹿児島の学校教育の魅力について取り上げました。そして、第7章は私が鹿児島で知り合った9名の方に登場していただき、鹿児島の教育についてそれぞれの立場から思いを述べていただきました。

最後に、私が行政の立場から鹿児島の学校教育にどのように向き合ってきたか、また、鹿児島で2年間、教育行政に携わってきた者として鹿児島の教育が発展するためにどうすればよいかについて述べて本書を閉じたいと思います。

(1) 私が心掛けてきたこと

以下では、県教委の義務教育課長として2年間常日ごろから仕事を進める上で頭に入れてきたこと、施策を展開する際に留意してきたことを4点に絞って述べたいと思います。

①徹底した現場主義

言うまでもなく学校現場あっての教育行政です。教育行政の仕事が現場と乖離してしまったのでは施策効果が期待できないばかりか現場の足を引っ張り、そのしわ寄せは未来社会を担う子供たちにも影響してしまいます。「思いつき」で施策を立ち上げることは百害あって一利なしです。ただでさえ教育現場は日々の業務に追われ多忙です。ですから私たち教育行政を担う者にとって、常に現場の声や困り感を的確に把握しつつ、子供たちにとって何が大切かを真剣に考え抜き、一歩二歩先を読み施策を立ち上げ、既存の施策を見直し、現場の先生方にやる気になってもらうことが求められると考えています。現場の先生方に負担をお願いする場合（追加的な調査や新たな研究指定など）には必要性をしっかり理解していただかないと単なる押し付けにしか映りません。そのため、私は現場の先生方とのコミュニケーションを何よりも大切にしました。

　そのことに強く意識づけられたエピソードがあります。着任して2～3か月たったある会合で、県教委のある課長から、「金城課長、学校訪問していますか」と尋ねられました。訪問した学校数や学校訪問して感じたことなどを答えると「まだまだ少ない。もっと現場に行って課題を把握しなくてはだめだ」と発破をかけられました。その課長曰く、「デスクワークは週末でもできる。しかし、学校訪問は平日にしかできないし、議会中は執務室を離れることはできない。たとえ無理をしてでも動けるときに学校訪問をどんどん調整して県内各地を回った方がよい」。雷に打たれたような衝撃を受けました。

　それ以降、計画的な学校訪問に加え、2～3か月先のスケジュールを見て、会議や議会関係の用務のない日があれば積極的に学校訪問を組むようにしました。私が県教委に出向している時間は限られています。それ故、時間を工面し、現場の実態をくまなく把握することに全力を注ぎました。1年目は延べ

82校の訪問でしたが、2年目は目標訪問校数を100校に設定し、結果的には延べ110校の訪問を達成し、2年間で延べ192校、そして43市町村のほぼ全てを回ることができました。

このように現場を訪問すると、訪問した学校の数だけ発見があります。事実、学校訪問時にヒントを得て数々の新規施策が立ち上がりました。一方、日ごろ義務教育課内では当たり前のように飛び交っている学力向上などの県の主要施策が現場に十分浸透していないということにも気付かされるのです。そのような場合には、先生方に施策について説明するとともに、同席している市町村の教育長や指導主事にも改めて周知をお願いしたり、県教委に持ち帰って現場への伝え方を工夫したりと反省を次に生かす必要が出てきます。

また、管理職によって学校のマネジメント力に相当な差があること、マネジメント力の差が先生方の授業や学校の雰囲気にも合わせ鏡のように反映していること、なども学校に入ることではっきりと見えてきます。このことは以下の（2）④でも言及します。

課題だけではなく、きらりと光る現場の実践に出会うこともたくさんありました。第6章で紹介したような好事例は多くの学校を訪問したからこそ見えてきたものです。私は、訪問した学校でいただいた資料は常に手の届くところにファイルし、「これはほかでは見られない良い取組だな」と感じたものは、すぐに取り出せるように付箋を貼り、地区の校長会等の講演の中で事例紹介するように心掛けました。またフェイスブック上で行った学校紹介も現場からは好評でした。

第3章で述べたとおり、県教委の義務教育課長が学校を訪問する、ということは多くの学校にとっては「一大事」といってよいと思います。特別な準備は不要と伝えているものの、受け入れの準備や先生方への事前説明など一定の業務が生じるのも事実です。そのため、訪問した後に好事例と感じた取組を講演やフェイスブックで紹介することで、受け入れ校も県の義務教育課から紹介してもらったことを励みに感じ学校経営に自信を持って取り組む、その他の学校も、いい取組を参考にして学校経営に取り入れる、義務教育課が学校訪問でどこに着目しているかがわかり重点的に取り組む、という好循環が期待できます。研修会で事例として取り上げた学校の校長先生や教育長から後日、お礼のお手紙を幾度となくいただきました。

②一流の目利きたること

①とも重なりますが、義務教育課の指導主事に対して私が日ごろから繰り返し申し上げてきた言葉です。指導主事は大変多忙なので、学校で素晴らしい実践を目の当たりにしても、本庁に戻ると多くのデスクワークに追われ、訪問の様子を横展開する余裕がないのが実情でした。そのため、訪問時に発見した素晴らしい教育実践に取り組む学校や、高い指導力を発揮する教師をチェックし、簡易なかたちでもよいので課内に共有するとともに、研修会などを活用し県全体で共有を図るよう促しました。

その際、「この取組は素晴らしい」と感じる鑑識眼と、素晴らしいと感じたことを的確に伝える力が求められることは言うまでもありません。また、現場で力量のある教師を見つけた場合には、指導主事の候補（最近では一教諭から県教委の指導主事に引き上げられる例もあります）になり得るため、チェックしておくことが肝要です。実際に、私が見て指導力を発揮するに違いないと思った現場の教師を指導主事の候補として要望したこともありました。義務教育課は人事を所掌していないため、優秀な人材の発掘という視点はあまり持っていませんでしたが、スカウトになったような気持ちで現場を訪問すると、現場には多くの力量のある教師がいることに気付かされますし、見方も変わってきます。義務教育課の職員が現場を訪問する機会は、市町村教委に比べると少ないため、数少ない機会を有効に生かして、県全体の教育の発展につながるよう問題意識を持って学校訪問することが大切です。

③市町村教育長を味方に付ける

鹿児島には43の市町村があります。各市町村の教育長といえば当該自治体の教育行政の最高責任者です。鹿児島の市町村教育長は、小・中・高校の元校長、県教委ＯＢなど、鹿児島県の教育に対し一家言を持つ有力者ばかりです。また、小中一貫教育と言えば出水市、薩摩川内市、南さつま市、英語教育なら鹿屋市や伊佐市、キャリア教育は志布志市、遠隔教育は三島村、十島村、徳之島町など、各市町村による特色ある教育施策は、教育長のリーダーシップによるものが極めて大きいといえます。過去の県の教育行政や国の教育改革にも熟知されており、県の新規施策について説明に行った際には、却って過去の経緯について詳細に教えていただいた、ということも多々ありました。

このように各地域で一目置かれ、知恵袋とも言うべき市町村の教育長に県の施策をご理解いただいた上で、教育長の口から学校で、あるいは、校長会等の場で県の施策の重要性を発信してもらえれば、これほど心強いことはありません。私の場合は、市町村教育長会で施策を丁寧に説明したり、個別に教育長を訪問したり、こまめに電話で連絡したり、出張した際の夜の情報交換会などで焼酎片手にじっくりと話を聞いたりして、市町村教育長から信頼が得られるよう、また施策にご理解いただき各学校に周知徹底いただけるよう心掛けてきました。

県教委によっては市町村との距離が遠く、義務教育の指導面について、県は学力調査の実施など県全体にまたがる事柄に限定的に関与するところもあるようです。しかし、鹿児島の場合、表現が適切かはわかりませんが、県教委は市町村、特に指導主事の配置の少ない町村教委から大変頼りにされており、県としても教育内容や学校運営に関して一定の責任を果たしていく必要があると考えていました。

おかげで文部科学省に戻ってからも何人かの教育長から上京の際にご連絡をいただきお会いしたり、逆に私から市町村教育長に対し、国の施策について現場の受け止めを伺ったりと、良好な関係を続けさせていただいています。

④視野を広げる

昨今の社会構造の劇的な変化や経済情勢の影響に学校現場も無関係ではいられませんし、学校現場だけが社会のさまざまな変化から独立した存在であることはあり得ないでしょう。

欲しいものが容易に手に入り、インターネット上で大抵の情報が手軽に入手できるという時代にあって、子供たちは、かつてのように大人になることに対し憧れを抱きにくくなっている面は否定できません。一方で、人工知能の進化に代表されるように、社会は急速に動いており、待ったなしの課題が次々に降りかかってきます。今後は、未来社会を創り出すクリエイティブな人材や、解決困難な課題に意欲的に取り組み、さまざまな主体と協働して解決策を練り上げる人材が一層求められるはずです。

そのため、教育行政に携わる者は、社会の変化を的確に捉え、現場の先生方に伝えていくことが重要ですが、率直に申し上げて義務教育課の職員は事務量が異常なほど膨大で、所掌業務以外の情報をインプットする時間的余裕はほとんどありません。こうしたことも背景として第5章で紹介した義務教育課の勉強会を発案したのですが、課の職員はアンテナを高くして社会の動向が教育課程に関わってくるという気持ちで取り組むことが重要ですし、多忙な中でも同僚たちが情報をインプットできるような機会の提供や、残業を減らし業務負担を軽減する職場環境づくりに腐心することが管理職としても求められると感じていました。必ずしも十分に実践できたとはいえませんが、私も含め知見を深め現場に還元できるよう試行錯誤しながら取り組んできたつもりです。

（2）鹿児島の教育がさらに発展するために

鹿児島の学校教育に関わってきた経験から、これまでの各章で時に厳しいことも書いてきました。しかし、鹿児島の教育には学制発足以来１４０年超、いや江戸時代から連綿と人材育成を最重要施策として取り組んできた長い歴史があり、その歴史に裏打ちされた底力や馬力があることを私自身も県内各地で感じてきました。だからこそ、本書で述べた耳の痛い言葉も、今後のさらなる発展への期待の裏返しにほかならないのです。

以下では、鹿児島で教育行政に身を置き、鹿児島の教育課題を知り、かつ鹿児島の教育の発展・充実を切に願う者の一人として、今後、鹿児島に出向する後輩たち、県教委や市町村教委で教育行政に携わる職員に対し、鹿児島の教育の発展のためのポイントを何点か述べたいと思います。

①取組のさらなる深化と現場への浸透

第３章でも述べたように、今後は現在推進している取組をより強化し、深めて、現場の隅々まで浸透させることが肝要です。

鹿児島を離任する直前にある市で行われた管理職研修会に呼ばれた際に、福井県の取組をご紹介したところ、ある校長がこう発言されました。

「課長の説明を聞いて、自校や市教委で行っている学力向上の取組と福井県の取組には大きな違いは感じられなかった。ただ1点、違いを挙げるとすれば徹底の度合いだ。自校ではまだまだ徹底されていない。早速、持ち帰って教職員に呼びかけたい。」

この校長の言葉のとおり、鹿児島の今後の方向性を一つ挙げるとすれば、各学校がもう一歩、今の取組を深化させることだといえるでしょう。そのためには、校長が、教職員を奮い立たせ、子供たちの学びを一歩、二歩深めるような手立てを講じることが必要ですし、その校長を奮い立たせるために、市町村教委、教育事務所、県教委など教育行政の一層の工夫が求められると考えています。

②他課との連携強化

本書では義務教育の取組を中心に紹介してきましたが、実は高校教育についても鹿児島は苦戦しています。入学者選抜の段階で倍率が1倍を切る学校が多く、大学進学率も全国平均を大きく下回っています。私は義務教育課の学力向上検証改善委員会のオブザーバーに高校教育課の指導主事にも加わっていただき、義務教育の課題を高校教育課とも共有するように努めましたが、今後はこれまで以上に連携を密接にし、義務教育段階から高校教育まで一気通貫で課題を共有し、議論することが必要でしょう。指導系の義務教育課、高校教育課、教職員人事を所管する教職員課の連携はもちろんのこと、労働部局や、福祉部局などとも密接に連携をし、県の教育課題にきめ細かく対応していくことが求められます。

③シンプルな言葉で明確なメッセージを

文部科学省から県教委そして市町村教委という情報伝達経路を経て学校現場にはさまざまな情報が届けられます。会議の場で情報伝達する際に、県教委側は正確性を期すために、あれもこれも伝えなくてはならないと考え、説明内容が過多になり、情報の受け手側が消化不良となり、十分消化しきれないまま学校現場に情報を下し、現場に伝えたいことが伝わらない、といったことはありがちな話です。

そのため、私は、義務教育課が主催する指導主事等会議で市町村教委の指導主事に説明する際には、情報の精選とポイントを絞った説明をするよう担当指導主事に繰り返し伝えてきました。とりわけ鹿児島の場合にはこのことを強く意識をしないといけません。それは、なぜか。

鹿児島は、1~2時間で県下から各市町村の指導主事が県庁所在地に集まれるような小回りの利く県ではありません。鹿児島市で開催の会議に出席するために、泊付きで空路や海路を使い丸一日かけて、あるいは、車で早朝に出発して3~4時間かけてやっとのことで鹿児島市内に到着する職員が少なくありません。そのため、市町村教委の職員が参集する会議は1分1秒が大変貴重ですし、1秒たりとも無駄にするわけにはいきません。県教委の指導主事は伝える内容を精選し、何が重要で何がポイントなのかを説明する力が他県以上に求められるのではないかと考えています。

④管理職を元気に、そして本気に

管理職が元気に、前向きに、そして本気になって学校経営に取り組めば学校は間違いなく変わります。管理職の異動前後で学校の雰囲気ががらっと変わった例は枚挙にいとまがありません。

県や市町村の教育委員会が校長や教員に対し、さまざまな情報を提供し、新たな施策を説明したとしても、多くて学期に1回程度であり、毎日のように各学校に足を訪問することは現実的に不可能です。学校教育をよりよくするには各校長の意識を変え、本気にすることが何よりも近道です。そのためには、管理職自身が、学校経営に明確なビジョンを持ち、ビジョンをどう具体化させるかを教職員に示し、共有化することが学校教育の充実には不可欠です。

しかし、鹿児島では学校数が多く、県教委から各学校に伝えた情報の現場への届き方にも温度差が生じやすいという課題があります。また、校長は2～3年の異動のサイクルが一般的ですが退職前の校長ほど無難な学校経営に陥りやすく、教頭については教頭経験が10年を超えモチベーションが低下気味の方もいるなどの課題も散見されます。ここは行政の工夫のしどころですので、今後は、一層、市町村教委とも連携しながら、管理職から学校経営の状況について論点を絞った報告を定期的に求め、報告内容についてのシビアなチェックを行い、人事上の評価にもつなげていくことや、長期的な視野で学校経営に取り組めるよう校長の任期の延長も一案でしょう。すなわち、よい意味での行政と各学校の管理職との緊張関係が学校経営にもプラスに働くものと考えます。

⑤小・中学校間の人事異動をもっと活発に

鹿児島の多くの教員は勤務校を小学校─中学校間で行き来することなく、小学校籍の教員は小学校のみ、中学校籍の教員は中学校のみ、と同一の学校種のみを経験してキャリアパスを積んでいます。その理由として、第2章で紹介した広域の人事異動システムにより校種を超えた異動を考慮することが実務的に困難であることや、小学校と中学校の両方の免許を持つ教員が（特に中学校は）少ないということが考えられますが、義務教育9年間を見通した指導が今後ますます求められることを考慮すると、人事についても弾力化・流動化していくことが必要でしょう。なぜ、こういうことを申し上げるのかというと、私の知る鹿児島あるいは県外の教員で両方の学校種での勤務経験のある方々が、子供への理解が深まり、指導の幅が広がったと口をそろえてその意義を強調されているからです。とりわけ管理職になると両校種を経験した方ほど力を発揮しているように思います。学力調査の中学校の結果が振るわないことについては第3章で紹介しましたが、例えば、中学校の生徒たちのつまずきの状況を小学校の教員が目の当たりにすることで小学校段階からの指導法にも改善が加えられることが期待できますし、小・中学校の状況を熟知した管理職が増えれば学校教育にプラスに働くのではないかと考えます。

ここ最近、県教委では小・中学校間の人事交流を活発化する仕組みを導入していますが、大変、よい方向性だと思います。義務教育における教育力の向上のためにも小・中学校の人事交流のさらなる活性化に期待しています。

おわりに

「鹿児島でお世話になった皆様に恩返しをしたい。現場で真剣に子供に向き合っている鹿児島の先生方にエールを送りたい」。その一念だけでどうにか本書を書き上げることができました。

鹿児島での出向を終え、文部科学省に戻ってから、仕事上さまざまな場で講演をする機会がありますが、決まって鹿児島での出向経験に触れ、学校教育の多様性についてお伝えするようにしています。そうするとどうでしょう。私の講演を聞いた先生方から、「学生時代に鹿児島に旅行して以来、鹿児島の虜になって……」「去年初めて屋久島に行ったのですが……」「私の友人が鹿児島で教員をしてまして……」といった「反響」があり、アンケートでは「鹿児島の学校教育の話をもっと聞きたかった」との声が多数寄せられるのです。そのたびに鹿児島への感謝の意を強くするのです。

本書の全体的なイメージは鹿児島での在職中からおぼろげながらあったものの、大半は東京に戻ってから書いたものです。当時の資料を読み返したり、訪問した土地や学校の写真を見たりして推敲に推敲を重ねました。また、私に学校現場の厳しい実態について真剣な表情で伝えてくれた先生方、鹿児島の教育関係者の意識を変えなくてはならないと力説していた元同僚、学校を全力で支えているＰＴＡの方々、鹿児島でお会いした教育に問題意識を持つ多くの方々のまなざしや言葉が次々に頭に浮かび筆を走らせました。

本書を上梓するに当たり、鹿児島県教育委員会の義務教育課をはじめとする関係各課の皆様には資料の提供や事実関係の確認、個別のインタビューなどを通じ、多大なるご協力をいただきました。ここに深く感謝の意を表します。

また、第7章でご寄稿いただいた皆様、本書の中で文章あるいは写真でご紹介させていただいた数多くの皆様、そして一人一人のお名前を挙げることはできませんが、執筆の過程で現場の実態について懇切丁寧に教えていただいた鹿児島の教育関係者の方々には感謝の念に堪えません。

平日は仕事帰りが遅い上に、貴重な週末の時間の多くを執筆に費やすという我儘を許し、いつも陰ながらサポートしてくれた妻アニタそして執筆の進捗を気にかけてくれた娘沙羅、さらに、尼崎市の実家でいつも私の健康面を気遣ってくれている母にこの場を借りて感謝いたします。

最後になりましたが、この本を書く機会を与えてくださった合田隆史尚絅学院大学学長（元文部科学省生涯学習政策局長）、執筆が滞りがちな私に対し叱咤激励し、原稿に何度も目を通しさまざまなアドバイスをしてくださった千々布敏弥国立教育政策研究所総括研究官、編集の視点からご助言をいただき最終的に本にまとめていただきました悠光堂の佐藤裕介氏、遠藤由子氏に心から感謝申し上げます。

そして、これから教育委員会への出向を経験する地方教育行政研究会（文部科学省の若手職員が集まる勉強会）に参加する後輩たちはぜひ、出向中に、さまざまな行政課題の中から、「これだ」と決めた課題の解決に全身全霊をかけて取り組んでください。そうした経験は、本省に戻った後の仕事の幅の広がりに確実につながります。そして、できれば行政経験を書籍にまとめ発表する後輩たちが後に続くとこれほど嬉しいことはありません。

県教委義務教育課の執務室にて

最後に、有吉佐和子の著書『私は忘れない』の一節を引用して本書を閉じたいと思います。以下は、東京からふとしたきっかけで鹿児島の離島、黒島（三島村）にやってきた主人公の門万里子に対し、彼女が島を離れる間際に黒島の校長先生が発した言葉です。鹿児島でお会いした先生方から同様の言葉を何度も何度もお聞きした私自身の経験とも重なり、きっと、この校長先生と同じような思いで声を掛けてくださったのだろうと思うのです。

「都会の人」を「文部科学省の職員」に置き換えて、東京での激務に翻弄され原点を見失いそうになるといつも、私はこの言葉を思い出し、鹿児島で出会った子供たちのキラキラとした目、離島で奮闘する先生方の真っ黒に日焼けした凛々しい姿、共に県庁で汗を流した同僚たちの顔を頭に思い浮かべ自らを奮い立たせるのです。

義務教育課の送別会。恒例の「星影のワルツ」を歌った後の最後の集合写真

「島を忘れないでいてください。日本の中に、こんなところのあることを、一人でも都会の人が覚えていてくれたら、それがどれだけ私たちの励ましになるかわからないのです」

２０１７年10月21日

金城　太一

著者略歴

金城 太一（かねしろ・たいち）

1979（昭和 54）年 4 月 7 日生まれ。兵庫県出身。2002 年 3 月神戸大学経営学部卒業。2016 年 3 月東京大学教育学研究科修了。

2002 年 4 月文部科学省入省。文化庁記念物課、高等教育局大学振興課、研究開発局開発企画課、日本学生支援機構総合政策課、初等中等教育局初等中等教育企画課などを経て 2015 年度から 2 年間、鹿児島県教育庁に義務教育課長として出向。現職は初等中等教育局国際教育課外国語教育推進室長。2017 年 4 月から鹿児島県着地型観光推進協議会委員に、同年 11 月から地方創生コンシェルジュ（鹿児島県担当）に就任しており、帰任後も鹿児島との接点を持ち続けている。

チーム鹿児島！　教育改革の挑戦

～風は南から～

2017 年 12 月 24 日　　初版第一刷発行

著　者　　　金城 太一
発行人　　　佐藤 裕介
編集人　　　遠藤 由子
発行所　　　株式会社 悠光堂
〒 104-0045 東京都中央区築地 6-4-5
シティスクエア築地 1103
電話：03-6264-0523　FAX：03-6264-0524
http://youkoodoo.co.jp/
印刷・製本　株式会社 シナノパブリッシングプレス

ISBN978-4-906873-99-9　C0037